W0296802

Kochen nach dem Mond

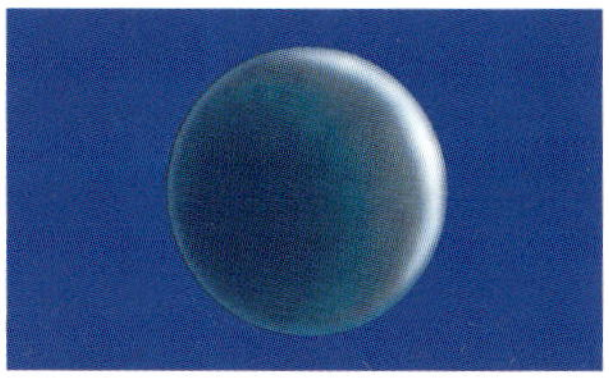

Hanna Heinrich

Kochen nach dem Mond

Bassermann

INHALT

Kochen im Zeichen des Mondes

Kochen im Zeichen des Mondes ist keineswegs eine abgehobene Sache, wie mancher vielleicht meinen möchte, die demzufolge nur »esoterisch Eingeweihten« oder »spirituellen Meistern« vorbehalten ist. Im Gegenteil. Das Kochen nach dem Stand des Mondes in den Tierkreiszeichen ist eine höchst irdische und zudem noch praktische wie auch vielfältige Angelegenheit.

Und hat der Mond in der Küche erst einmal seinen Einzug gehalten, ist es vorbei mit der Langeweile, der Rat- und Einfallslosigkeit, die gelegentlich rund um den Kochtopf herrschen können. Dies ist ein entscheidender Vorteil, der vor allem jene geplagten Hausfrauen überzeugen wird, die täglich aufs Neue vor der Frage stehen: Was wollen wir heute essen? Und die Antwort immer lautet: »Egal«, oder: »Wissen wir auch nicht.« Mit Topf und Kochlöffel bewaffnet, allein zurückgelassen, müssen sie dann zusehen, was sie auf den Tisch bringen – und sich wieder und wieder den Kopf zerbrechen. Da kann einem die Lust aufs Kochen schon mal vergehen ... Doch auch Singles werden sich für die Kocherei nach dem Mond sicherlich erwärmen können. Zum Beispiel, wenn es mal schnell gehen soll und/oder die rettende (Rezept-)Idee gerade ausbleibt.

Es gibt also viele gute Gründe, den Mond zum Küchenchef zu befördern. Das heißt, sich die kosmischen – oder besser: »lunaren« – Einflüsse und Energien im Hinblick auf die Ernährung zu erschließen. Ein starkes Argument für die Kocherei mit dem Mond ist übrigens die Vielschichtigkeit. Zum einen wechselt er ja etwa alle zweieinhalb Tage das Tierkreiszeichen (und damit auch das Element). Schon von daher ist für Abwechslung reichlich gesorgt. Zum anderen erlaubt bzw. ermöglicht die astrologisch-symbolische Bedeutung des Mondes (in Verbindung mit den Tierkreiszeichen) eine bemerkenswerte Fülle von Zuordnungs- und Kombinationsmöglichkeiten. So gibt dieses Buch also zahlreiche Anregungen, Tips und Informationen zu den jeweiligen Mondpositionen, die die Phantasie ansprechen und die eigene Kreativität beflügeln sollen. Darüber hinaus finden sich natürlich auch viele Rezepte in diesem »kosmischen Kochbuch«, die aufgrund der vielfältigen Kriterien, die der Stand des Mondes (in welchem Zeichen auch immer) offenbart, zusammengestellt wurden.

Schließlich ist die einfache und praktische Handhabung dieses Büchleins erwähnenswert. Stellen Sie sich vor, es ist Dienstag, der 30. Oktober 2001, und Sie haben noch keine Ahnung, was Sie kochen (und essen) wollen. Aus der Mond-Tabelle geht hervor, daß der Mond nun im Widder steht. Schlagen Sie »Widder-Mond-Abteilung« auf – und lassen Sie sich zunächst einmal inspirieren: Sie finden dort Begriffe wie Feuer, stürmisch, Frucht oder Rot, Spontanität und Temperament. Die Assoziation könnte demnach in folgende Richtung gehen: scharfes Essen (vielleicht mexikanisch?), gegrilltes Fleisch?, rote Paprika? Und so weiter. Zu den Widder-Mond-Angeboten und Vorschlägen fällt Ihnen bestimmt noch viel mehr ein. Sie brauchen ja nur die Symbole auf sich wirken und die Phantasie spielen zu lassen. Und schon kann die spontane Kocherei losgehen. Hilfreich ist es auf jeden Fall, erst einmal die entsprechenden Rezepte nachzulesen, die sich für diesen Tag anbieten: zum Beispiel, weil sie scharfe Gewürze beinhalten, oder unkompliziert in der Zubereitung

sind, oder weil man improvisieren kann – oder, oder, oder...

Und noch etwas gilt es zu berücksichtigen: Der Mond kocht nicht nach komplizierten Nährwerttabellen oder gar wissenschaftlichen Prinzipien und Erkenntnissen, sondern aus dem Bauch heraus. Das heißt schlicht und einfach: nach Lust und Laune. Aus diesem Grunde geht dieses Buch auch auf das große Thema Gesundheit nicht ein. Denn für das persönliche (sprich psychisch-physische) Wohlergehen eines Menschen ist nämlich nicht der »aktuelle« (und ca. 2½-tägig wechselnde) Mondlauf um unsere Erde von Bedeutung, sondern eher jene Mondposition zuständig, die sich aus dem Geburtshoroskop ergibt (und die ein Leben lang individuelle Gültigkeit hat und neben anderen kosmischen Faktoren Einfluß auf die Gesundheit nimmt). Bevor Sie den Mond also als Chefkoch an den häuslichen Herd rufen – und selbst zu Topf und Kochlöffel greifen –, sollten Sie ruhig mal einen Moment innehalten und spüren, worauf Sie Appetit haben. Vielleicht werden Sie im Laufe der Zeit sogar feststellen, daß die Speisen, Nahrungsmittel und Zutaten, auf die Sie gerade Lust haben, nicht selten zu denen aus der Mond-Vorschlagsliste passen, oder gar identisch sind...

Nach einem guten Essen, egal in welcher Mondposition es auch immer stattfindet, tut entweder ein Spaziergang oder ein kleines Schläfchen besonders gut. Auf jeden Fall bietet sich aber ein wenig bewußte Entspannung an, die der Verdauung durchaus förderlich ist. Und abgesehen davon, ist der Mond selbst hin und wieder ein passionierter Faulenzer, der es sich so richtig gemütlich machen kann und sich auf das Relaxen versteht.

Mit dem richtigen Duft fällt die Entspannung wesentlich leichter. Und es ist gut zu wissen, welcher Duft zu den jeweiligen Mondpositionen paßt, bzw. die Tagesqualität unterstützt oder etwas dämpft. Je nach Bedarf. Zum Beispiel kann die Atmosphäre an Skorpion-Mond-Tagen eine angriffslustige bis aggressive Note erfahren. Da empfiehlt es sich dann natürlich mit einem beruhigenden Duft die aufgewühlte Gemütsverfassung ein wenig auszugleichen. Oder: an Waage-Mond-Tagen ist das innere Bedürfnis nach Harmonie und Ausgleich stärker ausgeprägt als sonst. Da kann ein Duft hilfreich sein, der diese Bestrebungen fördert, wie beispielsweise die Geranie, ein zarter Duft, der das innere Gleichgewicht unterstützt – bzw. leichter finden läßt.

Noch ein kleiner Tip zu den Düften: Die Duftecke in der jeweiligen Mondposition ist natürlich nur ein Vorschlag. Und der Mond ist nicht der einzige »Stern«, der die Tagesqualität – und somit auch uns – beeinflußt. Da ist es schon mal möglich, daß Sie sich an einem Widder-Mond-Tag schlaff fühlen, und an einem Jungfrau-Mond-Tag angriffslustig sind. Die Aromen können Sie dann natürlich ihrer Wirkung entsprechend beliebig austauschen. Je nachdem, wie Sie gestimmt und aufgelegt sind.

Ob Sie das »Mond-Aroma« nun per Duftlämpchen, als Räucherstäbchen oder sonst wie genießen wollen bleibt selbstverständlich Ihnen und Ihrem Geschmack überlassen. Hauptsache, Sie fühlen sich wohl und schalten einmal gründlich ab. So können Sie dann Ihr »Mond-Mahl« harmonisch abrunden und ausklingen lassen.

Zu guter Letzt: Die Elemente (Feuer, Erde, Luft und Wasser) lassen sich untereinander gut kombinieren. So ergänzen sich Feuer und Luft ebenso gut wie Erde und Wasser. Das bedeutet, daß dem Fische-Mond (Wasserelement) auch die Gerichte schmecken, die der Stier-Mond (Erdelement) gekocht hat – und umgekehrt. Oder: der Schütze-Mond (Feuerelement) findet ebenso Wohlgefallen an den Wassermann-Mond-Rezepturen (Luftelement).
Wohl bekomm's...

Mond oder Sonne –

das ist hier die Frage.Wenn vom Tierkreiszeichen die Rede ist (also von Widder, Stier, Zwillingen, Krebs, Löwe, Jungfrau, Waage, Skorpion, Schütze, Steinbock, Wassermann, Fischen), glaubt (fast) jeder zu wissen, worum es geht...

Doch vielleicht ist dieses (vermeintliche) Wissen weit gefehlt, denn wenn vom Widder, Krebs oder Steinbock... die Rede ist, versteht der (interessierte) »Laie« darunter ALLES Typische eines Menschen, die Astrologie hingegen »nur« den Stand der Sonne zur Zeit der Geburt. Dieser ist zwar sehr wichtig, weil enorm prägend, aber eben nicht ALLES in der Astrologie.

Der Lauf der Sonne bestimmt das Tierkreiszeichen (und in der Natur die Jahreszeiten). Sie ist Symbol für das Wollen, sprich Willenskraft und die daraus resultierenden Handlungen und Aktivitäten (geistig wie körperlich), sprich Schaffenskraft. Die Sonne steht also für »Geist« und »Bewußtsein«.

Doch die Astrologie arbeitet nicht »nur« mit der Sonne, sondern auch mit den Planeten Merkur, Venus, Mars, Jupiter, Saturn usw., mit dem Aszendenten und ganz besonders auch mit dem Mond. Dieser symbolisiert in der Astrologie das Sehnen und intuitive Suchen nach dem, was wir für unser allgemeines Wohlgefühl brauchen, und die daraus resultierenden emotionalen Wünsche (seelisch wie körperlich), sprich innere Bedürfnisse. Der Mond steht also für »Seele« und »Unterbewußtsein«.

Der Unterschied zwischen Mond und Sonne ist also ein wesentlicher, nämlich der zwischen Kopf und Bauch, Tag und

Nacht, männlich und weiblich, plus und minus ... Kurzum: Sonne und Mond spiegeln die eine (bewußte) und die andere (unbewußte) Seite der berühmten Medaille wider, die letztlich das Leben, aber doch immer nur ein »Ding« ist. Die Frage bleibt, von welcher Seite man es betrachtet. Das gilt natürlich für alle Lebensbereiche, ganz besonders aber für das Kochen. Denn mit dem Mond (-zeichen) zu kochen heißt, mit den »kosmischen Regeln« in Einklang zu stehen. Schließlich ist der Mond für die Ernährung und Nahrungsaufnahme »zuständig«. Die Seele kommt zu (ihrem) Recht und damit auch der Körper. Lust und Laune, sprich Appetit und Phantasie, regeln die Ernährung spielerisch und mühelos, sofern wir auf unsere innere Stimme (noch) hören (können).

Der ebenso kleine wie berühmte Unterschied liegt darin, daß die Mondposition und die »Mond-Kocherei« mit ihrem »Sonnen-Zeichen« direkt nichts zu tun hat. Vergessen Sie deshalb, wenn Sie am Herd stehen, daß Sie Stier, Löwe – oder was sonst auch immer – sind. Denn es kommt darauf an, daß Sie Sonnen-Zeichen und Mondposition nicht verwechseln. Anhand der folgenden Sonnen- und der Mond-Tabelle (im Anhang des Buches) wissen Sie, was Sache ist, nämlich in welchem (Tierkreis-)Zeichen Ihre Sonne steht und in welcher aktuellen (Tierkreis-)Position der Mond steht.

SONNENTABELLE

Widder – 21. März bis 20. April – Element **Feuer**
Stier – 21. April bis 20. Mai – Element **Erde**
Zwillinge – 21. Mai bis 21. Juni – Element **Luft**
Krebs – 22. Juni bis 22. Juli – Element **Wasser**
Löwe – 23. Juli bis 23. August – Element **Feuer**
Jungfrau – 24. August bis 23. September – Element **Erde**
Waage – 24. September bis 23. Oktober – Element **Luft**
Skorpion – 24. Oktober bis 22. November – Element **Wasser**
Schütze – 23. November bis 21. Dezember – Element **Feuer**
Steinbock – 22. Dezember bis 20. Januar – Element **Erde**
Wassermann – 21. Januar bis 19. Februar – Element **Luft**
Fische – 20. Februar bis 19. März – Element **Wasser**

Tips zu den Rezepten

- Die Zubereitungszeit umfaßt sämtliche Vorbereitungs- und Garzeiten.
- Die Temperaturangaben beziehen sich auf einen Elektroherd mit Ober- und Unterhitze, jedoch ohne die Umluftfunktion.
- Bei den Zutatenmengen gehen wir jeweils von ungeputzter Rohware aus. Stückangaben beziehen sich jeweils auf ein Stück mittlerer Größe.

Abkürzungen

EL = Eßlöffel (gestrichen)
TL = Teelöffel (gestrichen)
Msp. = Messerspitze
TK-... = Tiefkühl-...
l = Liter
ml = Milliliter
kg = Kilogramm
g = Gramm
°C = Grad Celsius

WENN DER MOND IM WIDDER STEHT

Wenn der Mond im Widder steht — ist in der Küche der Teufel los

In dieser Mondposition übernimmt Mars die Rolle des Beikoches. Und da kann in der Küche schon mal einiges »anbrennen«. Denn der feurige (komische) Krieger heizt dem (den) häuslichen Herd ordentlich ein (an). Im Eifer des kulinarischen Gefechts können die Feinheiten der Rezeptur (sofern man nach »Vorlage« kocht) schon mal übersehen werde. Und auch Rezepte, die man sonst beherrscht, können an einem kleinen Detail scheitern. Ja, die Ungeduld, die Ungeduld. Im Widder, bzw. bei Mars, bedarf es daher auch nicht vieler Köche, die den berühmten Brei verderben. Das schafft er ganz allein. Doch was soll's? Das Widder-Prinzip hat Stehaufmännchen-Qualität. Geht etwas daneben, versucht man es von vorn...
Fazit: Wenn der Mond im Widder kocht, herrscht freudige Spontanität und Abenteuerlust in der Küche. Es darf daher auch gern Neues ausprobiert werden. Im wahrsten Sinne des Wortes ist man mit Feuer und Flamme bei der Sache, leidenschaftlich wird in den Töpfen gerührt, und die Vorfreude ist das schönste an der ganzen Widder-Kocherei. Egal, ob das Ergebnis »genießbar« ist oder nicht...
Der Widder-Mond mag Kurzgebratenes, Gegrilltes. Und er liebt scharfe, feurige Geschmacksrichtungen. Die Zubereitung der Speisen sollte nicht zu kompliziert und aufwendig sein. Und der Preis? Ist eigentlich egal. Es wird halt bezahlt, was die Eßlust kostet.

- **Düfte:** Zeder – Dieses Aroma stärkt die positiven Widder-Eigenschaften und dämpft gleichzeitig Übererregbarkeit und Hyperaktivität.
  Rose – bremst stürmische Energien und macht geduldiger und rücksichtsvoller.

Kulinarische Charakteristika

- **Beikoch:** Mars
- **Element:** Feuer
- **Prinzip:** Aufbruch
- **Farbe:** Rot
- **Stimmung:** optimistisch, angriffslustig, kämpferisch
- **Tagesqualität:** hitzig, stürmisch, ungeduldig, kühn
- **Energiequelle:** Eiweiß
- **Pflanzenteil:** Frucht
- **Kräuter:** Schnittlauch, Knoblauch, Estragon
- **Gewürze:** Curry, Cayennepfeffer, Chili
- **Obst:** Stachelbeere, Rhabarber, Kiwi, rote Johannisbeere
- **Gemüse:** Paprika, Radieschen, Chilischote,
- **Salat:** Rauke
- **Sonstiges:** Tabascosauce, Feta, Stilton (Käse)

Rot, scharf und schnell zubereitet – dieses Gericht ist »temperamentvoll« ebenso wie das Widder-Prinzip. Die Krabben dienen als Eiweißquelle, die Gewürze liefern die Schärfe. So kocht der Mond am liebsten, wenn er im »feurigen« Widder steht.

Sauer-würzige Hummerkrabbensuppe

- Zubereitungszeit: ca. 25 Minuten
- Für 4 Portionen
- Dazu paßt Jasmintee
- **exotisch** ● **teuer**

8 Hummerkrabben mit Schalen
750 ml Hühnerbrühe, 2–3 Stücke frisches Zitronengras, 1–2 Stückchen frische Galgantwurzel
100 g Champignons, 1 frische rote Chilischote, 2 EL Fischsauce, 2 EL Limettensaft, 5 Zitronenblätter, 1–2 TL geröstete Chilipaste, eventuell etwas Salz

1. Die Hummerkrabben aus den Schalen lösen, aber die Schwanzflossen zum Anfassen beim Essen möglichst daranlassen. Die Därme mit einem kleinen, spitzen Messer entfernen (dunkle Fäden an den Rückenseiten).
2. Die Hühnerbrühe zum Kochen bringen. Das Zitronengras und die Galgantwurzel hinzufügen.
3. Die Champignons putzen und halbieren, die Chilischote entkernen und in feine Ringe schneiden. Beides in die Brühe geben. Fischsauce, Limettensaft, Zitronenblätter und Chilipaste hinzufügen und alles 2 bis 3 Minuten köcheln lassen.
4. Zum Schluß die Hummerkrabben in die Brühe geben und in weiteren 3 bis 5 Minuten garen. Die Suppe eventuell mit Salz nachwürzen, das Zitronengras und die Zitronenblätter herausnehmen und die Suppe sehr heiß servieren.

Forellen-Rucola-Salat

- Zubereitungszeit: ca. 20 Minuten
- Für 4 Portionen
- Dazu paßt Baguette
- **schnell** ● **scharf**

2 kleine Köpfe Radicchio, 400 g Rucolasalat (Rauke)

1 rote Zwiebel, 1 Bund Schnittlauch, ½ Salatgurke

100 g frischer Meerrettich, 4 EL Weißweinessig, 200 g Joghurt, ½ TL Meersalz, etwas schwarzer Pfeffer aus der Mühle

4 geräucherte Forellenfilets (à 125 g), 50 g eingelegte Kapern

1. Den Radicchio und den Rucolasalat putzen. Die einzelnen Blätter waschen und gut abtropfen lassen. Strunkansätze und feste Blattrippen entfernen. Den Rucolasalat in mundgerechte Stücke zupfen.

2. Die Zwiebel schälen, vierteln und quer in feine Scheiben schneiden. Den Schnittlauch waschen, trockentupfen und in kleine Röllchen schneiden. Die Gurke schälen, halbieren, mit einem Teelöffel entkernen und grob raspeln.

3. Den Meerrettich schälen, auf einer Küchenreibe fein reiben, sofort zusammen mit dem Essig und dem Joghurt vermischen. Das Dressing mit Salz und Pfeffer aus der Mühle abschmecken.

4. Die Forellenfilets enthäuten, wenn nötig, letzte Gräten entfernen. Die Filets in etwa 2 cm breite Streifen schneiden. Die Kapern zusammen mit den Gurkenstreifen, den Zwiebelscheiben, dem Rucolasalat und dem Dressing anmachen.

5. Die Radicchioblätter dekorativ auf Teller verteilen und den Rucolasalat darauf anrichten. Mit den Forellenfiletstreifen belegen und zuletzt die Schnittlauchröllchen darüberstreuen.

Schneller geht es kaum – besänftigen Sie Ihre Ungeduld, wenn der Mond im Widder steht, mit diesem Salat. Die pikanten Zutaten wie Rucola, Zwiebel und Meerrettich passen zum Element des Feuers, das an diesen Tagen die Vorherrschaft hat.

Spaghetti mal ganz anders. Lassen Sie sich von diesem ungewöhnlichen Rezept inspirieren, in dem die Widderfarbe Rot vorherrscht. Pfefferschoten und Knoblauch spiegeln das aufgewühlte Temperament dieser Mondposition wider.

Spaghettini alla Puttanesca

- Zubereitungszeit: ca. 40 Minuten
- Für 4 Portionen
- Dazu paßt Gurkensalat
- **ausgefallen** ● **scharf**

500 g reife Tomaten, 3 Knoblauchzehen, 100 g schwarze Oliven, 1 getrocknete rote Pfefferschote (Peperoncino), 4 Sardellenfilets aus dem Glas
3–4 EL Olivenöl, 2 EL Tomatenmark
etwas Salz, 400 g Spaghettini
1 EL Kapern, schwarzer Pfeffer aus der Mühle, 1 Bund glatte Petersilie

1. Die Tomaten über Kreuz einritzen, kurz überbrühen, abschrecken, enthäuten und die Stielansätze herausschneiden. Dann die Tomaten vierteln, entkernen und in recht grobe Würfel schneiden. Den Knoblauch schälen und sehr fein hacken. Die Oliven entsteinen und ebenfalls fein hacken. Die Pfefferschote der Länge nach aufschlitzen, entkernen und in Ringe schneiden. Die Sardellenfilets unter kaltem Wasser abspülen, trockentupfen, kleinschneiden und mit einer Gabel zerdrücken.
2. Das Öl in einem Topf erhitzen. Den Knoblauch und die Pfefferschotenstücke darin unter Rühren anbraten. Die Tomatenwürfel, das Tomatenmark sowie die zerdrückten Sardellenfilets darunterrühren. Alles etwa 5 Minuten im offenen Topf köcheln lassen.
3. Inzwischen 4 l Salzwasser in einem großen Topf zum Kochen bringen. Die Spaghettini hineingeben und in 6 bis 8 Minuten bißfest kochen.
4. Die Kapern abtropfen lassen und zusammen mit den Oliven in die Sauce einrühren. Diese mit Salz und Pfeffer abschmecken. Die Petersilie waschen, trockentupfen und fein hacken.
5. Die Spaghettini in ein Sieb schütten und gut abtropfen lassen. Die Nudeln sofort mit der Sauce mischen, auf Tellern anrichten und mit der Petersilie bestreuen.

Scharf gebratene Hähnchenwürfel

- Zubereitungszeit: ca. 30 Minuten
- Marinierzeit: ca. 30 Minuten
- Für 4 Portionen
- Dazu paßt Reis
- **schnell** ● **exotisch**

500 g Hähnchenbrustfilet, 10 g frischer Ingwer, 2 Knoblauchzehen
2 EL Sesamöl, 3 EL helle Sojasauce, 1 EL Chinaessig, 2 TL Chilisauce, 1 EL Zucker, 1/2 TL Zitronenpfeffer (Szetchuanpfeffer)
2 Frühlingszwiebeln, 1/2 grüne Paprikaschote, 1 rote Gemüsepeperoni
2 EL Sojaöl, 100 g frische Erdnußkerne, 1/8 l Hühnerbrühe

1. Das Fleisch in 2 cm große Würfel schneiden. Den Ingwer und die Knoblauchzehen schälen und fein hacken.
2. Den Ingwer und den Knoblauch mit den restlichen Marinierzutaten verrühren. Die Fleischwürfel in die Marinade legen und darin etwa 1/2 Stunde ziehen lassen.
3. In der Zwischenzeit die Frühlingszwiebeln, die Paprikaschote und die Gemüsepeperoni putzen. Das gesamte Gemüse in feine Streifen schneiden.
4. Das Fleisch aus der Marinade nehmen und abtropfen lassen.
5. Das Öl erhitzen und die Erdnüsse darin unter Rühren etwa 1 Minute braten. Das Fleisch dazugeben und 5 Minuten pfannenrühren. Das Gemüse daruntermischen und 2 Minuten pfannenrühren. Die Hühnerbrühe dazugießen und etwa 2 Minuten bei großer Hitzezufuhr einkochen lassen. Das Gericht auf einer vorgewärmten Platte servieren.

Tortillagratin

- Zubereitungszeit: ca. $2^1/_2$ Stunden
- Für 4 Portionen
- Dazu paßt gemischter Salat
- **mexikanisch** ● **pikant**

300 g Weizenmehl, 200 g feines Maismehl, 1 TL Salz, 160 ml Öl, etwa 200 ml lauwarmes Wasser
etwas Mehl zum Ausrollen und Bestäuben
etwas Öl für die Form
4 Eier, 750 g Tomaten, 1 große Zwiebel, 1 EL Öl, etwas Salz, Pfeffer, Cayennepfeffer, ca. 280 g Kidneybohnen (aus der Dose)
150 g Käse, z.B. Emmentaler oder Cheddar
reichlich Öl zum Fritieren

1. Die beiden Mehlsorten, das Salz und 150 ml Öl in eine große Schüssel geben und verrühren. Nach und nach das Wasser dazugießen. Alles zuerst weiter verrühren, dann auf der Arbeitsfläche gründlich zu einem Teig verkneten. Den Teig zugedeckt etwa 1 Stunde ruhen lassen.
2. Den Teig nochmals durchkneten. Vom Teig etwa tischtennisballgroße Portionen abnehmen und diese auf einer leicht bemehlten Arbeitsfläche zu dünnen, etwa 18 cm großen Fladen ausrollen. Die ausgerollten Fladen leicht mit Mehl bestäuben, stapeln und zudecken, damit sie nicht austrocknen.
3. Eine gußeiserne Pfanne stark erhitzen. Nach und nach die Teigfladen darin von jeder Seite etwa 30 Sekunden backen, dabei die sich bildenden Blasen flachdrücken. Es sollen sich kleine braune Punkte bilden. Fertige Tortillas zusammenrollen, unter einem Tuch auskühlen lassen.
4. Den Backofen auf 200 °C vorheizen. Eine große Gratinform mit Öl ausstreichen. Die Eier anstechen und in etwa 8 Minuten hartkochen. Die Eier anschließend kalt abschrekken, schälen und achteln.
5. Die Tomaten einritzen, kurz überbrühen und häuten. Sie dann würfeln, dabei die Kerne und die grünen Stielansätze entfernen. Die Zwiebel schälen und klein würfeln, zusammen mit 1 Eßlöffel Öl in einen Topf geben und die Zwiebel glasig werden lassen. Die Tomaten dazugeben und unter Rühren etwa 5 Minuten leicht kochen lassen. Die Sauce mit Salz, schwarzem Pfeffer und Cayennepfeffer abschmecken. Die Kidneybohnen abtropfen lassen. Den Käse grob reiben.
6. Reichlich Öl zum Fritieren auf 180 °C erhitzen. Die Tortillas in 2 cm breite Stücke schneiden und portionsweise in dem Öl knusprig ausbacken. Die Streifen herausnehmen und gut abtropfen lassen.
7. Die Tortillas, die Eier und die Kidneybohnen in die Form geben, die Tomatensauce und den Käse darauf verteilen. Die Form auf der mittleren Einschubleiste in den Ofen schieben und das Gratin etwa 25 Minuten überbacken.

Der Widder liebt es temperamentvoll. Dieses südamerikanische Gericht paßt daher optimal zu dieser Mondposition.

Ein Gericht mit Paprika, Knoblauch und Fleisch als Eiweißquelle. Das entspricht voll und ganz den Widder-Prinzipien (und - Bedürfnissen). Und in einer halben Stunde ist es zubereitet. Ausgezeichnet. Denn an Widder-Mond-Tagen wird Unkompliziertes bevorzugt.

Thailändische Spaghetti

- Zubereitungszeit: ca. 30 Minuten
- Für 4 Portionen
- Dazu paßt ein Salat mit frischen Sprossen
- **schnell** ● **scharf**

1 grüne Paprikaschote, 3 Frühlingszwiebeln, 1 frische rote Chilischote, 3 Knoblauchzehen

etwas Salz, 400 g Spaghetti, 200 g Schweinefleisch (Filet oder Schnitzelfleisch), 2 EL Erdnuß- oder Sonnenblumenöl, schwarzer Pfeffer aus der Mühle

4 EL helle Sojasauce, 5 EL Reiswein oder trockener Sherry, 4 EL Tomatensaft, 2 EL Limettensaft, 1 TL chinesische Chilisauce, 2 EL brauner Zucker (ersatzweise brauner Rohrzucker)

4 EL ungesalzene, geröstete Erdnüsse

1. Die Paprikaschote waschen, putzen und das Fruchtfleisch klein würfeln. Die Frühlingszwiebeln waschen, putzen und in Ringe schneiden. Die Chilischote putzen und fein würfeln. Den Knoblauch schälen und fein hacken.
2. Die Spaghetti in Salzwasser bißfest kochen.
3. Inzwischen das Fleisch waschen, trockentupfen und in feine Streifen schneiden. 1 Eßlöffel Öl in einer hochwandigen Pfanne oder im Wok erhitzen. Das Schweinefleisch darin unter ständigem Rühren von allen Seiten 3 bis 5 Minuten braten. Es anschließend salzen, pfeffern, herausnehmen und zugedeckt warm stellen. Das Bratöl abgießen.
4. 1 Eßlöffel Öl in die Pfanne oder in den Wok geben. Den Knoblauch mit Sojasauce, Reiswein oder Sherry, Tomatensaft, Limettensaft, Chilisauce und Zucker verrühren und in die Pfanne oder in den Wok geben. Alles aufkochen lassen. Das Fleisch dazugeben.
5. Die Spaghetti mit dem Fleisch und der Sauce vermischen und mit den Gemüsestückchen sowie den Erdnüssen bestreut servieren.

Möhren-Gorgonzola-Gratin

- Zubereitungszeit: ca. 50 Minuten
- Für 4 Portionen
- Dazu passen Pellkartoffeln
- **günstig** ● **herzhaft**

1 kg Möhren, 3/4 l Fleischbrühe, 1 Knoblauchzehe, 1 EL Butter für die Form

125 g süße Sahne, 150 g Gorgonzola, etwas Salz, weißer Pfeffer aus der Mühle, etwas frisch geriebene Muskatnuß, 1 Bund Kerbel

1. Die Möhren putzen, schälen und in dünne Scheiben schneiden. Die Fleischbrühe zum Kochen bringen. Die Möhrenscheiben hineingeben und etwa 15 Minuten garen.
2. Inzwischen die Knoblauchzehe schälen, halbieren und eine große, flache Auflaufform damit gut ausreiben. Dann die Form ausfetten. Den Ofen auf 200 °C vorheizen.
3. Die Sahne in einem Stieltopf aufkochen lassen. Den Gorgonzola mit einer Gabel zerdrücken und in der Sahne unter Rühren schmelzen lassen. Die Sauce mit Salz, Pfeffer und Muskat abschmecken. Den Kerbel abspülen, trockenschütteln und die Blätter von den Stielen zupfen.
4. Die Möhren gründlich abtropfen lassen. Sie danach lagenweise in die Auflaufform geben und jede Lage mit etwas Gorgonzolasauce übergießen. Die Butter in Flöckchen auf dem Gratin verteilen.
5. Die Auflaufform auf die mittlere Schiene in den Backofen stellen und das Gratin etwa 15 Minuten überbacken, bis es anfängt, ganz leicht Farbe anzunehmen. Das Gratin vor dem Servieren mit den Kerbelblättchen bestreuen.
(siehe Foto rechts)

Chili con carne

- Zubereitungszeit: ca. 1 3/4 Stunden (ohne Einweichzeit)
- Für 6–8 Portionen
- Dazu paßt frisches Weißbrot
- **scharf** ● **deftig**

500 g rote oder braune Bohnen, 2 l Wasser, 2 TL Salz

2 EL Öl, 750 g mageres Rindfleisch, in Würfeln, 2 Zwiebeln, schwarzer Pfeffer aus der Mühle, 1 TL Chilipulver, 1 EL Paprika edelsüß, 1 TL Rosenpaprika

500 g Tomaten, 1 TL Speisestärke, 2 EL Rotweinessig, 1 Prise Zucker, einige Tropfen Tabasco

1. Die Bohnen am Vorabend im kalten Wasser einweichen. Am nächsten Tag unter Zugabe von Salz 30 Minuten garen.
2. Das Öl in einer Pfanne erhitzen, das Fleisch rundum kräftig darin anbraten. Die Zwiebeln in Würfeln schneiden, dazugeben und kurz mitschwitzen. Fleisch und Zwiebeln zu den Bohnen geben, mit Pfeffer, Chilipulver und Paprika würzen und 1 Stunde garen.
3. Die Tomaten überbrühen, enthäuten, die Stielansätze herausschneiden und die Früchte achteln. Zum Bohnentopf geben und 5 Minuten mitkochen. Die mit etwas Wasser angerührte Speisestärke unterziehen. Mit Essig, Zucker und Tabascosauce abschmecken und sofort servieren.

Für das Chili brauchen Sie etwas Kochleidenschaft – doch das Ergebnis wird Sie belohnen. Lassen Sie sich von der Zubereitungszeit nicht abschrecken, das meiste geht hier von ganz alleine.

Maispoularde in scharfer Kokossauce

- Zubereitungszeit: ca. 1 Stunde
- Marinierzeit: ca. 30 Minuten
- Für 4 Portionen
- Dazu paßt Weißbrot oder Fladenbrot
- **scharf** **ausgefallen**

1 Maispoularde (ca. 1,5 kg)

1 EL gemahlener Koriander, 1 TL gemahlene Chilischoten, 1 TL Kurkuma, 1 TL gemahlener schwarzer Pfeffer, 3 EL frisch geraspelte Kokosflocken, 5 EL Öl

4 mittelgroße Kartoffeln

1. Die Poularde innen und außen waschen, trockentupfen und mit einer Geflügelschere in 8 gleich große Stücke zerteilen. Die Haut entfernen. Die Gewürze und die Kokosflocken mit 1 Eßlöffel Öl mischen und die Geflügelteile damit einstreichen. Das Fleisch in eine Schüssel geben, mit Plastikfolie abdecken und mindestens 1/2 Stunde marinieren lassen.

2. In der Zwischenzeit die Kartoffeln waschen, schälen und in 1 cm große Würfel schneiden.

3. Die restlichen 4 Eßlöffel Öl in einem flachen Topf erhitzen und die Poulardenteile darin vorsichtig von allen Seiten anbraten. Die Kartoffelwürfel dazugeben, goldbraun anbraten und herausnehmen. Anschließend soviel Wasser in den Topf geben, daß die Geflügelteile zur Hälfte bedeckt sind. Das Geflügel 30 bis 35 Minuten im offenen Topf köcheln lassen und dabei mehrmals wenden.

4. Wenn das Fleisch gar ist, die Kartoffeln dazugeben und die Sauce mit den Gewürzen noch einmal abschmecken. Das Fleisch in der Sauce servieren.

Probieren Sie gerne Neues aus? Dann ist dieses Gericht genau das richtige für Sie. Mit der exotischen Kombination von Kokosnuß und Kartoffeln wird die widder-typische Abenteuerlust gestillt.

WENN DER MOND IM STIER STEHT

Wenn der Mond im Stier steht – wird man in der Küche richtig satt

In dieser Mondposition rührt Venus als Beiköchin in den Töpfen. Und da kommen ebenso appetitliche wie sättigende Speisen auf den Tisch. Vorzugsweise auch die gute alte Hausmannskost... Das Kochteam Mond/Venus hat einen ausgesprochen guten bis herzhaften Geschmackssinn und versteht es ebenso geschickt wie praktisch, die verschiedenen Lebensmittel zu einem schmackhaften Gericht zu verarbeiten. Auf Rezepte greift man als Anregung oder Ergänzung gern zurück. Mond und Venus stellen übrigens an die Küchenausrüstung wie auch an die Qualität der Nahrungsmittel einige Ansprüche. Denn: Je besser das Werkzeug, umso köstlicher die Speisen.

Fazit: Wenn der Mond im Stier kocht, kommen »lunare Kreativität« und stiertypische Genußfreude zusammen, was darauf schließen läßt, daß die servierten Menüs nicht nur gehaltvoll und sättigend sind, sondern auch in appetitlicher und aparter Weise angerichtet werden. Denn unter dieser genießerischen Mondkonstellation essen Auge (und Nase) schließlich ganz genauso mit.

Der Stier-Mond liebt es »handfest« und stilvoll zugleich. Und ein süßer Nachtisch sollte nicht fehlen. Die Zubereitung der Menüs darf ruhig aufwendig sein. Der Preis spielt an diesen Mond-Tagen keine große Rolle. Großzügigkeit ist erlaubt, Verschwendung muß jedoch nicht sein.

- **Duft-Ecke:** Moschus – Dieser schwere Duft (der sparsam dosiert werden sollte) verbindet auf harmonische Weise mit dem Erdelement.
Sandelholz – ein Aroma, das die Bedächtigkeit und Ruhe der Stier-Qualität ausgezeichnet unterstützt.

Kulinarische Charakteristika

- **Beikoch:** Venus
- **Element:** Erde
- **Prinzip:** Sicherheit
- **Farbe:** sattes Grün, Brauntöne
- **Stimmung:** positiv, gutmütig, gastfreundlich
- **Tagesqualität:** stabil, ausgeglichen, genüßlich, friedlich
- **Energiequelle:** Mineralien
- **Pflanzenteil:** Wurzel
- **Kräuter:** Liebstöckel, Salbei, Kresse
- **Gewürze:** Kümmel, Gomasio, Salz
- **Obst:** Banane, Apfel, Erdbeere
- **Gemüse:** Sellerie, Erbsen, Bohnen, Wirsingkohl
- **Salat:** Kopfsalat
- **Sonstiges:** Geräuchertes, Mixed Pickles

Diese ungewöhnliche Suppe entspricht der temperamentvollen und feurigen Tagesqualität, die der Stier-Mond mit sich bringt. Wurzelgemüse verbindet sich mit dem Spinat zu einer grünen Delikatesse, die außerdem noch gesund ist.

Spinatsuppe mit gerösteten Nüssen

- Zubereitungszeit: ca. 1 Stunde
- Für 4 Portionen
- Dazu paßt Fladenbrot, Nußbrot oder Baguette

● **ausgefallen** ● **vegetarisch**

200 g Petersilienwurzeln, 200 g Kartoffeln, $^{1}/_{2}$ l Gemüsebrühe, 280 g Sahne, $^{1}/_{4}$ l Milch

500 g Blattspinat

$^{1}/_{4}$ TL Salz, weißer Pfeffer aus der Mühle, 1 Prise geriebene Muskatnuß, 80 g Butter

2 EL Pistazienkerne, 3 EL geschälte Sonnenblumenkerne, 2 EL geschälte Kürbiskerne, 2 EL gehackte Walnußkerne, 1 TL Walnußöl

1. Die Petersilienwurzeln und die Kartoffeln waschen, schälen und in feine Scheiben schneiden. Das Gemüse in der Gemüsebrühe oder im Wasser zusammen mit Sahne (2 Eßlöffel übrig behalten) und Milch etwa 10 Minuten zugedeckt köcheln lassen.
2. Den Blattspinat putzen und die Stiele entfernen. Die Blätter sehr gut waschen. Den Spinat in kochendem Wasser etwa $1^{1}/_{2}$ Minuten blanchieren, dann mit kaltem Wasser abschrecken. Den Spinat gut ausdrücken und in Streifen schneiden.
3. Die Spinatstreifen zur Gemüsebrühe geben und alles im Mixer oder mit dem Pürierstab pürieren. Die Suppe aufkochen lassen und mit Salz, Pfeffer und Muskat abschmecken. Die restliche Sahne steifschlagen. Sahne und Butter mit einem Schneebesen oder Pürierstab darunterrühren. Die Suppe zugedeckt warm halten.
4. Die Kerne und Nüsse zusammen im Walnußöl bei kleiner Hitze anbraten. Sie dann in einem Sieb oder auf Küchenpapier abtropfen lassen. Die Suppe in 4 tiefe Teller verteilen und die Nußmischung darauf geben.
(siehe Foto rechts)

Apfel-Avocado-Carpaccio

- Zubereitungszeit: ca. 15 Minuten
- Für 4 Portionen
- Dazu paßt Wild

● **günstig** ● **mild**

2 EL Balsamessig, 1 EL Honig, 2 EL Walnußöl, 12 EL Apfelsaft, etwas Salz, weißer Pfeffer

1 Avocado, 4 Äpfel, 1 Kästchen Kresse, 30 g Walnußkerne

1. Essig, Honig, Öl und 2 Eßlöffel Wasser mit dem Apfelsaft verrühren und die Vinaigrette mit Salz und Pfeffer abschmecken.
2. Die Avocado halbieren, entsteinen und das Fruchtfleisch in Spalten schneiden.
3. Die Äpfel vierteln, entkernen und in Spalten schneiden. Avocado- und Apfelspalten auf den Tellern anrichten, mit der Vinaigrette beträufeln und mit der Kresse bestreuen. Die Walnüsse hacken und darübergeben.

Blumenkohl-Brokkoli-Salat

- Zubereitungszeit: ca. 30 Minuten
- Für 2 Portionen
- Dazu paßt Schwarzbrot

● **pikant** ● **gesund**

200 g Blumenkohl, 200 g Brokkoli, etwas Salz

2 Frühlingszwiebeln, 1 gekochtes Ei

2 EL Apfelessig, 4 EL Olivenöl, 1 Prise Zucker, weißer Pfeffer aus der Mühle, 1 EL Schnittlauchröllchen, frisch geriebener Ingwer

1. Blumenkohl und Brokkoli in kleine Röschen teilen und in Salzwasser in 15 Minuten bißfest kochen. Auskühlen lassen.
2. Die Frühlingszwiebeln in sehr dünne Streifen schneiden, das Ei schälen und hacken.
3. Den Essig mit Öl, Zucker, Salz und Pfeffer verschlagen und das Gemüse darunterheben. Vor dem Servieren Ei, Schnittlauch und Ingwer darüberstreuen.

Warum in die Ferne schweifen, wenn das Gute liegt so nah? An Tagen, in denen der Mond im Stier steht, können Sie mit einem Steak mit Sicherheit nichts falsch machen. Und Sicherheit gehört zu den Prinzipien des Stieres. Venus sorgt außerdem dafür, daß das Auge mitessen kann und niemand hungrig den Tisch verläßt.

Rinderfiletsteak mit Pfeffersauce

- Zubereitungszeit: ca. 30 Minuten
- Für 4 Portionen
- Dazu passen Folienkartoffeln und Salat

● **deftig** ● **scharf**

4 Rinderfiletsteaks à ca. 160 g, 2 EL Öl, etwas Salz, schwarzer Pfeffer aus der Mühle

4 EL trockener Sherry, 2 EL eingelegter grüner Pfeffer, 100 g Sahne

1–2 Tropfen Worcestersauce

1. Die Filetsteaks waschen und trockentupfen. Das Öl in einer Pfanne erhitzen und die Steaks darin von jeder Seite in 2 bis 3 Minuten rosa braten. Die Steaks danach mit Salz und Pfeffer würzen und mit Alufolie bedeckt warm stellen.

2. Den Bratensatz mit dem Sherry ablöschen. Den Pfeffer und die Sahne hineinrühren und die Sauce bei mittlerer Hitze sämig einkochen lassen.

3. Die Sauce mit etwas Salz und der Worcestersauce abschmecken und zu den Steaks servieren.

Labskaus

- Zubereitungszeit: ca. 2 1/2 Stunden
- Für 2 Portionen
- Dazu passen Spiegeleier und Matjes
- **rustikal** ● **günstig**

1 Zwiebel, 250 g gepökelte Rinderbrust, 1 Lorbeerblatt, 5 schwarze Pfefferkörner, 5 Senfkörner

500 g Kartoffeln

75 g Schalotten, 2 EL Pflanzenfett, ca. 200 g rote Beten (selbstgekocht oder aus dem Glas), 2 Gewürzgurken

1 Spritzer Worcestersauce, etwas Salz, Pfeffer aus der Mühle

1. Die Zwiebel schälen, mit der Rinderbrust, dem Lorbeerblatt, den Pfeffer- und Senfkörnern in einen Topf geben, mit Wasser bedecken und alles etwa 1 1/2 Stunden kochen lassen. Das Fleisch durch einen Fleischwolf drehen.
2. Die Kartoffeln schälen, würfeln und in der Brühe garen.
3. Die Schalotten fein hacken und im heißen Fett anbraten. Dann die Kartoffeln zerdrücken und mit dem Fleisch unter die Schalotten mischen. Die roten Beten und die Gewürzgurken fein würfeln und unterheben.
4. Das Labskaus unter ständigem Rühren in einem Topf nochmals erwärmen, mit Worcestersauce, Salz und Pfeffer abschmecken.

Im Stier-Mond darf es ruhig etwas handfester sein. Bei diesem Gericht kommen Sie an diesen Tagen voll auf Ihre Kosten. Wurzelgemüse, wie Rote Bete und Kartoffeln, sind die Hauptzutaten, die Zubereitung ist ein wenig aufwendig. Kein Problem für das Stier-Prinzip. Im Gegenteil. Vor dem Genuß darf gern die Mühe stehen. Denn dann schmeckt es noch einmal so gut.

In diesem Gericht werden verschiedene Komponenten kombiniert, die an Stiertagen gefragt sind: Grüne Töne, sättigende Gerichte, Wurzelgemüse sowie Geräuchertes als Beilage. Wenn die Spinatkartoffeln Ihnen heute nicht schmecken, geht etwas nicht mit rechten Dingen zu.

Schweizer Spinatkartoffeln

- Zubereitungszeit: $1\frac{1}{2}$ Stunden
- Für 4 Portionen
- Dazu paßt Bündner Fleisch oder Räucherschinken
- **arbeitsaufwendig** ● **sättigend**

1 kg frischer Wurzelspinat, etwas Salz, weißer Pfeffer aus der Mühle, frisch geriebene Muskatnuß
1 kg festgekochte Kartoffeln
250 g Gruyère, etwas Butter für die Form
300 g Sahne, 4 Eigelb, 75 g Butter

1. Den Spinat gründlich in kaltem Wasser waschen und verlesen, alle groben Stengel entfernen. Den Spinat tropfnaß in einen großen Topf geben und zugedeckt bei mittlerer Hitze 5 bis 10 Minuten zusammenfallen lassen. Ihn dann in ein Sieb abgießen, gut abtropfen lassen, anschließend hacken und mit Salz, Pfeffer und Muskat würzen.
2. Die Kartoffeln schälen, waschen und in sehr dünne Scheiben schneiden oder hobeln. Reichlich leicht gesalzenes Wasser in einem Topf aufkochen, die Kartoffelscheiben darin zugedeckt etwa 2 Minuten vorgaren. Die Scheiben anschließend in einem Sieb gut abtropfen lassen.
3. Den Gruyère grob reiben. Den Backofen auf 200 °C vorheizen. Eine breite, längliche Gratinform gründlich mit Butter ausfetten, eine Schicht Kartoffelscheiben dachziegelartig hineinlegen. Die Kartoffeln mit etwas Käse bestreuen und dann eine Schicht Spinat hineingeben. Abwechselnd Kartoffelscheiben, Käse und Spinat einschichten. Dabei soll die oberste Schicht aus dick mit Käse bestreuten Kartoffeln bestehen, damit es eine schöne Kruste gibt.
4. Die Sahne mit den Eigelben verquirlen, mit Salz, Pfeffer und Muskat würzen und alles über die Kartoffeln träufeln. Die Butter in kleine Flöckchen schneiden und anschließend darauf geben.
5. Die Form auf der mittleren Einschubleiste in den Ofen schieben und das Gratin etwa 40 Minuten backen. Die Form mit Alufolie abdecken, falls die Oberfläche zu dunkel wird, bevor die Kartoffeln gar sind.
(siehe Foto rechts)

Himmel und Erde

- Zubereitungszeit: ca. 45 Minuten
- Für 2 Portionen
- Dazu paßt ein Glas Bier
- **rustikal** ● **aufwendig**

500 g mehlige Kartoffeln, etwas Salz, 500 g Äpfel, ½ TL Zucker, 1 EL Zitronensaft, 50 g fetter Speck, 1 Zwiebel, etwas Zucker
1 EL Öl, 250 g Blutwurst in Scheiben

1. Die Kartoffeln schälen, im Salzwasser kochen, abgießen und sofort zerstampfen. Die Äpfel schälen, achteln und in ½ Liter Wasser mit Zucker und Zitronensaft gar dünsten. Den Speck in kleine Würfel schneiden und auslassen. Die Zwiebeln ebenfalls in kleine Würfel schneiden und im ausgelassenen Fett glasig werden lassen. 1 Eßlöffel von den Zwiebeln und dem Speck zum Garnieren beiseite stellen.
2. Die Kartoffeln mit den Äpfeln und der restlichen Speck-Zwiebel-Mischung mit dem Schneebesen durchschlagen und mit Zucker und Salz abschmecken.
3. Das Öl erhitzen und die Blutwurst darin von beiden Seiten anbraten und auf den Eintopf geben. Mit der Speck-Zwiebel-Mischung bestreuen.

Der Stier liebt es bodenständig, dennoch kommt keine Langeweile auf. Dieses Gericht ist sowohl gesund als auch sättigend, aber auch günstig und spricht das Auge an.

Roggenpuffer mit Möhren

- Zubereitungszeit: ca. 45 Minuten (ohne Quellzeit)
- Einweichzeit: ca. 12 Stunden
- Für 2 Portionen
- Dazu paßt ein Glas Obstsaft

● vegetarisch ● aufwendig

25 g Roggen
50 g Roggenvollkornschrot
50 g Weizenvollkornmehl, 1 Ei, 50 ml Buttermilch, 1/2 TL Meersalz, 1/2 TL gemahlener Fenchel, 1 EL gehackte Petersilie
300 g Möhren
Öl zum Braten, 50 g geriebener Käse
1 1/2 EL Butter, 1/2 TL Honig
Friséesalat zum Garniere

1. Den Roggen über Nacht einweichen. Das Schrot zugeben und alles 10 Minuten köcheln lassen. Abgießen.
2. Die Roggenmasse mit Mehl, Ei, Buttermilch, Salz, Fenchel und der Hälfte der Petersilie vermengen. Zugedeckt 30 Minuten quellen lassen.
3. Die Möhren längs einkerben und in Scheiben schneiden. Das Öl erhitzen und aus dem Teig goldbraune Puffer backen. Mit Käse bestreuen und kurz überbacken.
4. Die Möhren in Butter andünsten und mit wenig Wasser bißfest garen. Den Honig und die restliche Petersilie darübergeben. Die Puffer und die Möhren auf dem Friséesalat anrichten.
(siehe Foto links)

Arme Ritter

- Zubereitungszeit: ca. 30 Minuten
- Für 2 Portionen
- Dazu paßt Pflaumenkompott

● schnell ● heimisch

knapp 1/4 l Milch, 1 Ei, 1 Päckchen Vanillezucker
4 Scheiben altbackenes Weißbrot
20 g Butter
1 EL Zucker, 1/2 TL Zimt

1. Die Milch, das Ei und den Vanillezucker verquirlen. Die Weißbrotscheiben nebeneinander in ein flaches Gefäß legen und mit der Eiermilch übergießen. Die Brotscheiben einmal wenden und warten, bis die gesamte Flüssigkeit aufgesogen ist.
2. Die Hälfte der Butter erhitzen, die Brotscheiben darin goldgelb braten. Die restlichen Scheiben ebenso zubereiten.
3. Zucker und Zimt verrühren und die Brotscheiben damit bestreuen.

Kaiserschmarren

- Zubereitungszeit: ca. 45 Minuten
- Für 4 Portionen
- Dazu paßt Apfelkompott

● traditionell ● günstig

50 g Rosinen, 3 EL Rum oder Orangensaft
4 Eier, 4 EL Zucker, 1 Päckchen Vanillezucker, etwas Salz
100 g Weizenmehl, Type 405, 200 ml Milch
etwa 70 g kalte Butter
50 g Mandelstifte
etwas Puderzucker zum Bestreuen

1. Die Rosinen in einem Sieb kalt abbrausen und gut abtropfen lassen. Sie dann in einer kleinen Schüssel in dem Rum oder dem Orangensaft marinieren.
2. Inzwischen die Eier trennen. Die Eiweiße zu steifem Schnee schlagen, dabei 2 Eßlöffel Zucker hineinrieseln lassen. Die Eigelbe mit dem übrigen Zucker, dem Vanillezucker und dem Salz sehr cremig rühren.
3. Das Mehl und die Milch unter die Eigelbcreme rühren und anschließend die Rosinen mit der Flüssigkeit daruntermischen. Dann den Eischnee vorsichtig darunterheben.
4. Gut die Hälfte der Butter in einer großen beschichteten Pfanne zerlassen. Den Teig in die Pfanne gießen und darin bei milder Hitze auf der unteren Seite goldbraun werden lassen.
5. Den Pfannkuchen mit zwei Gabeln in grobe Stücke zerzupfen. Die übrige Butter in kleinen Flöckchen sowie die Mandelstifte in die Pfanne geben. Den Schmarren so lange weiterbacken, bis die Stücke goldbraun sind.
6. Den Kaiserschmarren auf Tellern anrichten, mit Puderzucker bestreuen und möglichst sofort servieren.

Etwas Süßes darf nicht fehlen – am besten aus der guten alten Zeit. Verwöhnen Sie sich mit diesem Klassiker, der zwar etwas aufwendig in der Zubereitung ist, doch an bedächtigen Stiertagen ist genug Zeit für solche Köstlichkeiten.

WENN DER MOND IN DEN ZWILLINGEN STEHT

Wenn der Mond in den Zwillingen steht – herrscht Jubel, Trubel und Heiterkeit in der Küche

Beikoch Merkur ist ein witziger und spritziger Geselle. Er liebt die Abwechslung und Vielseitigkeit. Raffinierte Rezepte, die mit möglichst geringem Aufwand umgesetzt werden können, sind an diesen Mond-Tagen Trumpf. Denn mit der Phantasie könnte es etwas hapern. Im übrigen kocht das Mond/Merkur-Team nicht gern allein. Ob Familienmitglieder oder Partygäste – alle sollten sich am liebsten um den häuslichen Herd versammeln. Und so wird die Küche nicht nur zur »Menü-Werkstatt«, sondern auch zur »Kommunikationszentrale«. Die Schwierigkeit besteht dann gelegentlich darin, daß mangels Konzentration mit den Zutaten etwas oberflächlich umgegangen wird und die Garzeiten außer acht gelassen werden. Von daher kann schon mal etwas danebengehen. Zum Glück ist das meistens kein Problem, denn der flexible, wendige und einfallsreiche Zwilling (bzw. Merkur) kann improvisieren.

Fazit: Wenn der Mond in den Zwillingen steht, bzw. »kocht«, geht es in der Küche beschwingt und heiter zu, was sich natürlich auch in den Speisen und Gerichten widerspiegelt. Ganz wichtig ist der Spaß an der Freud' und das gemeinsame Essen. Wieviel »Sterne« sein Menü bekommt, ist dem Zwillinge-Mond mehr oder weniger egal...

Der Zwillinge-Mond hat eine Schwäche für schnelle, pfiffige und leichte Gerichte. Und schön bunt sollten sie ebenfalls sein. Wenn die Zutaten zudem noch preiswert sind, umso besser.

- **Duft:** Minze – ein Duft, der das Denken klärt und sich beruhigend auf die Nerven auswirkt. Minze tut auch den Atemwegen sehr gut.
  Lavendel – Leicht und luftig, hilft dieser Duft bei Nervosität und Einschlafproblemen. Ideal also für die »hektischen« Zwillinge-Mond-Tage.

Kulinarische Charakteristika

- **Beikoch:** Merkur
- **Element:** Luft
- **Prinzip:** Kontakt
- **Farbe:** Gelb, hell bis kräftig
- **Stimmung:** interessiert, aufgeschlossen, kontaktfreudig
- **Tagesqualität:** schnellebig, unterhaltsam, nervös
- **Energiequelle:** Fett
- **Pflanzenteil:** Blüte
- **Kräuter:** Zitronenmelisse, Borretsch, Minze
- **Gewürze:** Safran, Kurkuma, Fenchelsamen
- **Obst:** Honigmelone, Nektarine, Pfirsich, Zitrone
- **Gemüse:** Mais, gelbe Paprika, Möhren
- **Salat:** Eisbergsalat
- **Sonstiges:** Akazienhonig, Trockenobst

Dieser Salat ist ein Gesellschaftsessen – er läßt sich hervorragend zusammen vorbereiten. Und so ist er ideal für Zwillinge-Mond-Tage, an denen ja Kommunikation und Beisammensein besonders groß geschrieben werden.

Blattsalate mit Haselnüssen und Schinken

- Zubereitungszeit: ca. 35 Minuten
- Für 4 Portionen
- Dazu paßt frisches Bauernbrot mit Butter

● rustikal ● würzig

350 g Feldsalat, 2 kleine Köpfe Radicchio, 1 kleiner Kopf Lollo rosso
2 Schalotten, 3 EL gehackte Petersilie, 1 TL Senf, 6 EL Rotweinessig, 8 EL Haselnußöl, 1/4 TL Meersalz, schwarzer Pfeffer aus der Mühle
100 g geräucherter Schinken am Stück, 1 Bund Radieschen
150 g geschälte Haselnußscheiben
200 g dünngeschnittener Räucherschinken

1. Den Feldsalat putzen, dabei die Pflänzchen ganz lassen und anschließend waschen. Den Radicchio und den Lollo rosso putzen, waschen und kleinzupfen. Feste Blattrippen und Strunkansätze entfernen. Den Salat gut trockenschleudern.
2. Die Schalotten schälen und fein hacken. Die Petersilie zusammen mit den Schalotten, dem Senf und dem Essig verrühren. Dann das Haselnußöl nach und nach darunterschlagen und das Dressing mit Salz und Pfeffer abschmecken.
3. Den Backofen auf 250 °C vorheizen. Das Stück Schinken zunächst in etwa 1 cm dicke Scheiben und dann in 1 cm große Würfel schneiden. Die Radieschen putzen, waschen, trockenreiben und in dünne Scheibchen schneiden. Die Radieschenscheiben zusammen mit den Schinkenwürfeln zum Dressing geben und darin wenden.
4. Die Haselnußscheiben gleichmäßig auf einem sauberen Backblech verteilen und im Ofen in 2 bis 3 Minuten goldbraun rösten. Die Blattsalate mit dem Dressing anmachen und mit den Haselnußscheiben bestreuen.
5. Den Salat auf Tellern anrichten und mit den geräucherten Schinkenscheiben dekorativ umlegen.

Frühlingsgemüse mit Safransauce

- Zubereitungszeit: ca. 45 Minuten
- Für 2 Portionen
- Dazu passen Salzkartoffeln und Schinken

● fein ● gesund

400 g Spargel, 2 EL Butter, etwas Salz, 1 Prise Zucker
3 Frühlingszwiebeln, 1 Möhre, 1 Tomate
100 g Sahne, 1 Eigelb
1 Briefchen Safranpulver, 2 EL Crème fraîche, schwarzer Pfeffer aus der Mühle

1. Den Spargel schälen, die unteren Enden abschneiden und schräg in mundgerechte Stücke schneiden. Sie in kochendem Wasser mit 1 Eßlöffel Butter, Salz und Zucker 15 Minuten garen.
2. Die Frühlingszwiebeln halbieren, die Möhre schälen und würfeln. Frühlingszwiebeln und Möhre in leicht gesalzenem Wasser etwa 6 Minuten blanchieren, abschrecken und abtropfen lassen. Die Tomate kreuzweise einritzen, überbrühen, abschrecken, enthäuten und das Fruchtfleisch würfeln.
3. 75 g Sahne steifschlagen und mit dem Eigelb verrühren.
4. Die Hälfte der Frühlingszwiebeln mit wenig Butter und dem Safranpulver andünsten, mit der restlichen Sahne und der Crème fraîche auffüllen und aufkochen lassen, abschmecken und beiseite stellen.
5. Die restlichen Frühlingszwiebeln mit der restlichen Butter, dem Gemüse und dem Spargel erhitzen und abschmecken. Die Safransauce mit der Sahne-Eigelb-Mischung unter Rühren erhitzen, nochmals abschmecken und auf Teller geben. Das Gemüse auf dem Saucenspiegel anrichten.
(siehe Foto rechts)

Sie haben heute Lust auf etwas Ausgefallenes? Aber Zeit haben Sie natürlich keine ... Dann liegen Sie mit der Krabbensuppe genau richtig. Exotische Zutaten und pikante Gewürze ergeben mit Hilfe dieses Rezeptes in kürzester Zeit eine asiatische Delikatesse.

Krabbensuppe

- Zubereitungszeit: ca. 30 Minuten
- Für 4 Portionen
- Dazu paßt Jasmintee

● leicht ● ausgefallen

5 Schalotten oder 2 Zwiebeln, 2 Knoblauchzehen, 3 Macadamianüsse

2 EL Öl, 1 TL Sambal oelek, 1/2 TL Korianderpulver, 1/2 TL Krabbenpaste, etwas Salz

600–700 ml Fischbrühe (selbstgemacht oder aus dem Glas), 200 g grüne Bohnen

1 grüne Paprikaschote, 3 EL Tamarindensaft, 20 g Kokosmilch (Fertigprodukt, in asiatischen Spezialgeschäften erhältlich), 400 g große, ausgelöste Krabben (Shrimps)

1. Die Schalotten oder die Zwiebeln schälen und fein würfeln, den Knoblauch schälen und zerdrücken, die Nüsse mahlen.
2. Die Schalotten oder die Zwiebeln in heißem Öl hellbraun anbraten, dann den Knoblauch kurz mitbraten. Den Sambal mit Koriander, Krabbenpaste, den Nüssen und Salz vermengen und im Topf 5 Minuten braten lassen.
3. Die Brühe dazugießen und heiß werden lassen. Die Bohnen putzen, in 2 cm lange Stücke schneiden, zur Suppe geben und 10 Minuten köcheln lassen.
4. Die Paprikaschote waschen und würfeln, mit Tamarindensaft, Kokosmilch und den Krabben in den Topf geben und noch 5 Minuten ziehenlassen.

Riesengarnelen in süßer Pfeffersauce

- Zubereitungszeit: ca. 30 Minuten
- Für 4 Portionen
- Dazu paßt Reis
- **bunt** ● **schnell**

6 Frühlingszwiebeln, 1 rote Paprikaschote
1 EL Sojaöl
2 EL helle Sojasauce, 3 EL Honig, 3 EL Tomatenmark, 2 EL Reisweinessig
1 TL Maisstärke
1/4 TL Salz, 1/2 TL frisch gemahlener schwarzer Pfeffer, 1/4 TL Sesamöl
24 geschälte, rohe Riesengarnelen (Prawns)

1. Die Frühlingszwiebeln und die Paprikaschote putzen und waschen. Die Frühlingszwiebeln in feinen Ringe, die Paprikaschote in kleine Würfel schneiden.
2. Das Sojaöl stark erhitzen. Das Gemüse darin kurz pfannenrühren und mit der Sojasauce ablöschen. Nacheinander den Honig, das Tomatenmark und den Essig dazugeben. 1/4 l Wasser dazugießen und die Sauce zugedeckt etwa 20 Minuten köcheln lassen.
3. Die Stärke mit etwas Wasser verrühren, in die Sauce geben und diese aufkochen lassen. Mit Salz, Pfeffer und Öl abschmecken.
4. Die Garnelen waschen, trockentupfen, in die Sauce legen und unter Rühren heiß werden lassen. Das Ganze sofort servieren.

An Zwillinge-Mond-Tagen lieben die Gaumen unter anderem süße Schärfe. Und dabei gibt der Honig in diesem Gericht die ganz besondere Note.

Limettenspaghetti

- Zubereitungszeit: ca. 25 Minuten
- Für 4 Portionen
- Dazu paßt ein Eisbergsalat
- **exotisch** **schnell**

1 Bund Frühlingszwiebeln, 3 Knoblauchzehen
3 EL Sesamsamen
etwas Salz, 400 g grüne Spaghetti
Saft und abgeriebene Schale von 1 Limette,
6 EL helle Sojasauce,, 4 EL Weißweinessig,
3 EL Sesamöl (ersatzweise Olivenöl),
2 EL brauner Zucker (ersatzweise Haushaltszucker), 1 EL chinesische Chilisauce,
1 Msp. Zitronenpfeffer (Szetchuanpfeffer)
3 EL Olivenöl

1. Die Frühlingszwiebeln putzen, waschen und in feine Ringe schneiden. Den Knoblauch schälen und fein hacken. Die Sesamsamen ohne Fettzugabe in einer Pfanne goldgelb rösten und anschließend beiseite stellen.
2. Nun 4 l Salzwasser in einem großen Topf zum Kochen bringen. Die Spaghetti hineingeben und in 8 bis 11 Minuten bißfest kochen.
3. Inzwischen den Limettensaft und die -schale mit Sojasauce, Essig, Sesamöl, Zucker, Chilisauce, Sesamsamen und Zitronenpfeffer verrühren.
4. Das Olivenöl in einem Topf erhitzen. Den Knoblauch darin kurz andünsten. Die Sauce hineingeben und kurz aufkochen lassen.
5. Die Nudeln in ein Sieb schütten, gut abtropfen lassen und sofort mit der Sauce mischen. Das Gericht auf Tellern anrichten und die Frühlingszwiebelringe darüberstreuen.
(Foto siehe Rückseite des Umschlags)

Eines ist sicher an Zwillinge-Mond-Tagen: Es darf nicht langweilig sein. Und schnell gehen sollte es natürlich auch. Dieses Gericht ist deshalb ideal – und könnte die ausgelassene Zwillinge-Stimmung noch heben.

Spaghetti con aglio, olio e peperoncino

- Zubereitungszeit: ca. 20 Minuten
- Für 4 Portionen
- Dazu paßt ein Eisberg-Tomaten-Salat
- **pikant** **schnell**

etwas Salz, 400 g Spaghetti
3 Knoblauchzehen, 1 getrocknete rote Pfefferschote (Peperoncino), 1 Bund glatte Petersilie
50 ml Olivenöl
schwarzer Pfeffer aus der Mühle

1. Zunächst 4 l Salzwasser in einem großen Topf zum Kochen bringen. Die Spaghetti hineingeben und in 8 bis 11 Minuten bißfest kochen.
2. In der Zwischenzeit den Knoblauch schälen und in dünne Scheiben schneiden. Die Pfefferschote der Länge nach aufschlitzen, entkernen und in sehr feine Würfel schneiden. Die Petersilie waschen, trockentupfen und fein hacken.
3. Das Öl in einer großen Pfanne erhitzen. Die Knoblauchscheiben hineingeben und darin bei mittlerer Hitze goldgelb braten. Vorsicht, der Knoblauch darf nicht schwarz werden, sonst bekommt er einen zu strengen Geschmack. Die Pfefferschotenwürfel ins Öl geben und kurz mitbraten. Je länger sie mitbraten, desto schärfer wird das Nudelgericht.
4. Die Spaghetti in ein Sieb schütten und gut abtropfen lassen. Die Knoblauchscheiben und die Pfefferschotenwürfel aus der Pfanne nehmen und beiseite stellen. Dann Spaghetti und Petersilie in das in der Pfanne verbliebene Öl geben und damit gründlich mischen. Die Nudeln mit Salz und Pfeffer würzen.
5. Die Nudeln auf Tellern anrichten. Die beiseite gestellten Pfefferschotenwürfel und Knoblauchscheiben als Dekoration darauf streuen. Das Gericht sofort servieren.
(siehe Foto rechts)

Schnell und preiswert – hier kommen Sie an Zwillingstagen voll auf Ihre Kosten.

Grüne Nudeln mit Champignons

- Zubereitungszeit: ca. 25 Minuten
- Für 2 Portionen
- Dazu paßt ein Glas Weißwein

● günstig ● sättigend

200 g grüne Bandnudeln, etwas Salz
125 g Champignons, 1 kleine Schalotte, 1–2 Knoblauchzehen, 2 EL Butter
1½ EL feingehackte Petersilie, etwas Weißwein, schwarzer Pfeffer aus der Mühle, frisch geriebene Muskatnuß

1. Die Nudeln in reichlich kochendem Salzwasser bißfest garen.

2. Inzwischen die Champignons in Achtel schneiden. Die Schalotte und den Knoblauch schälen und fein schneiden bzw. würfeln. Etwas Butter in einer Pfanne erhitzen, die Schalotte, den Knoblauch und die Champignonachtel darin anbraten. Dabei die Pfanne nicht bewegen, bis die Pilze Farbe angenommen haben.

3. Die Petersilie unterziehen, mit Wein ablöschen und das Ganze mit Salz, Pfeffer und Muskatnuß abschmecken.

4. Die Nudeln abgießen, mit wenig Butter und einigen Eßlöffeln Wasser in einem Topf schwenken, salzen, pfeffern und auf Tellern anrichten.

5. Die restliche Butter zu den Pilzen geben, gut durchrühren und die Pilze jeweils über die Nudeln geben.

(siehe Foto links)

Kräuterfisch

- Zubereitungszeit: ca. 30 Minuten
- Für 2 Portionen
- Dazu paßt Kartoffelsalat

● günstig ● schnell

400 g Seelachs und Kabeljau, Saft von ½ Zitrone, 2 EL weiche Butter, etwas Salz, weißer Pfeffer aus der Mühle
1 Zwiebel, 1 EL frisch gehackter Rosmarin, 2 EL frisch gehackter Dill, 2 EL frisch gehackte Petersilie

1. Das Fischfilet mit Zitronensaft beträufeln. Ein großes Stück Alufolie falten, in der Mitte dick mit der weichen Butter bestreichen. Den Fisch auf die Folie legen und ihn mit Salz und Pfeffer würzen. Den Backofen auf 200 °C vorheizen.

2. Die Zwiebel fein hacken und mit den Kräutern über den Fisch streuen. Die Folie an den Enden zusammenfalten und den Fisch 25 Minuten im Ofen garen.

Brombeergratin

- Zubereitungszeit: ca. 45 Minuten
- Für 4 Portionen
- Dazu paßt leicht angetautes Vanilleeis
- **schnell** ● **leicht**

300 g Brombeeren (evtl. tiefgefroren)
etwas Butter für die Formen
3 Eier, getrennt, 2 EL flüssiger Honig, 200 g Speisequark (20% Fett i. Tr.), 2 EL gemahlene Mandeln, 1/2 unbehandelte Zitrone
2 EL gehackte Pistazienkerne

1. Die Brombeeren kurz unter kaltem Wasser abbrausen, verlesen und gut abtropfen lassen. Tiefgefrorene Beeren zugedeckt auftauen lassen.
2. Vier feuerfeste, flache Formen mit Butter ausfetten. Dann den Backofen auf 200 °C vorheizen.
3. Die Eigelbe in einer Schüssel mit dem Honig verschlagen. Den Quark und die Mandeln dazugeben. Die Zitrone heiß abwaschen, die Schale fein abreiben und den Saft auspressen. Die Schale und den Saft ebenfalls zur Eier-Quark-Creme geben. Alles gründlich miteinander verrühren.
4. Die Eiweiße zu steifem Schnee schlagen und unter die Quarkmasse heben. Die Masse sofort in die vorbereiteten Formen füllen und die Brombeeren und die Pistazienkerne daraufgeben.
5. Die Formen auf der unteren Einschubleiste in den Ofen schieben und die Gratins etwa 20 Minuten überbacken.

Einfache Zutaten und dennoch ein verblüffendes Ergebnis – dieses Gratin ist besonders gut für Gäste geeignet und paßt dadurch an Tagen, an denen der Mond in den Zwillingen steht. Und haben Sie bloß keine Angst vor der Zubereitung – die Hälfte der Zeit haben Sie praktisch frei, denn das Gratin wird ja gebacken.

WENN DER MOND IM KREBS STEHT

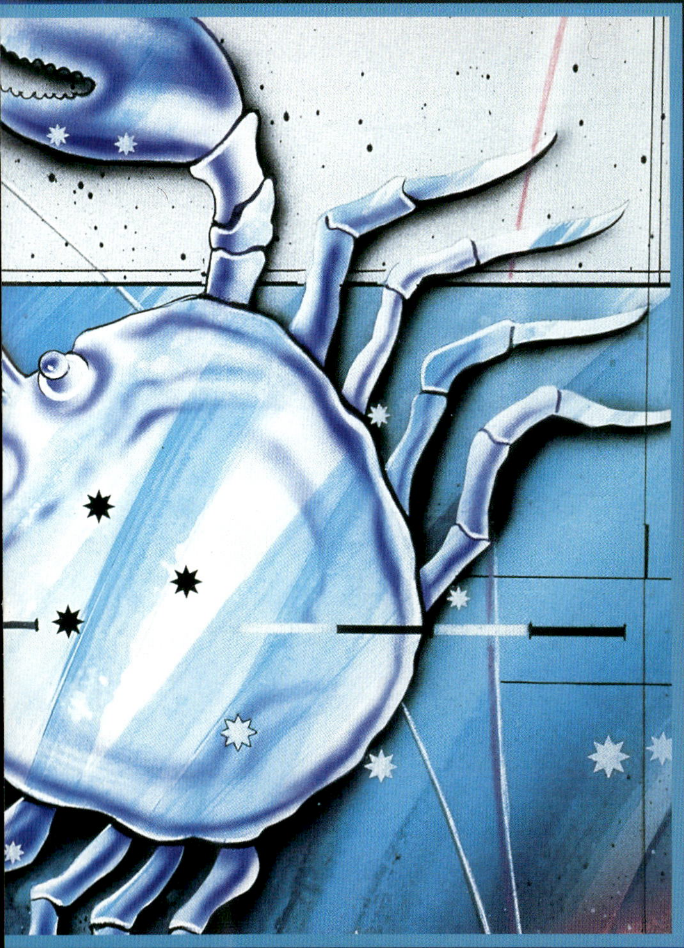

Wenn der Mond im Krebs steht – regiert die Liebe in der Küche

In dieser Mondposition bedarf es keines Beikochs. Denn er ist Meister seines Fachs – und voller Hingabe und Liebe bei der Sache. Klar, daß die Speisekarte an Krebs-Mond-Tagen so ziemlich alles hergibt, was hungrige Mägen und verwöhnte Gaumen wünschen. Da ziehen dann nicht nur liebliche Düfte (und vielversprechendes Töpfeklappern) durch die Räume, die einem das Wasser im Mund zusammenlaufen lassen, da herrscht auch eine anheimelnde und behagliche Atmosphäre rund um den Herd – und in der Küche überhaupt. So wird an Krebs-Mond-Tagen einmal mehr deutlich, warum die Liebe durch den Magen geht... Und da sollte man vor allem für jene Menschen kochen, die einem ganz besonders am Herzen liegen. Fazit: Wenn der Mond im Krebs kocht, wird mit sämtlichen Zutaten phantasie- und liebevoll umgegangen. Und es gibt wohl nur wenige Gerichte, die dieser Küchenmeister nicht zustande bringen würde. Besonders großer Wert wird übrigens auf frische Zutaten gelegt. Obst oder Gemüse aus der Dose ist in der Regel deshalb tabu.
Der Krebs-Mond mag praktisch alle Geschmacksrichtungen, hat aber durchaus eine Schwäche für Suppen und Aufläufe. Und wenn er beim Einkauf der Nahrungsmittel auch noch das eine oder andere Schnäppchen machen kann, ist sein Glück wahrlich perfekt.

- **Duft-Ecke:** Jasmin – ein lieblich-blumiger Duft, der der typischen Weiblichkeit des Krebses entspricht und Sensibilität und Einfühlsamkeit unterstützt. Neroli – vertieft und harmonisiert intensive Gefühle. Außerdem stärkt dieser Duft das Selbstvertrauen und löst Ängste auf.

Kulinarische Charakteristika

- **Hauptkoch:** Mond (Beikoch entfällt)
- **Element:** Wasser
- **Prinzip:** Fruchtbarkeit
- **Farbe:** Beige, Silber, wäßrige Farben
- **Stimmung:** schwankend, launisch, introvertiert
- **Tagesqualität:** sensibel, empfänglich, fürsorglich
- **Energiequelle:** Kohlenhydrate
- **Pflanzenteil:** Blatt
- **Kräuter:** Bibernelle, Kamille, Kresse
- **Gewürze:** Sternanis, Majoran, Kerbel
- **Obst:** Birne, Netzmelone, Litschi
- **Gemüse:** Weißkohl, Kohlrabi, Kürbis, Spinat
- **Salate:** Feldsalat
- **Sonstiges:** Suppen, Eiscreme

Für dieses ungewöhnliche Gericht benötigen Sie etwas Geduld bei der Zubereitung. So entsteht jedoch aus einfachen Zutaten ein phantasievoller Salat, mit dem Sie Ihre Gäste überraschen. Solche Gerichte sind der Hit an Krebs-Mond-Tagen. Denn man möchte andere (und sich selbst) verwöhnen.

Feldsalat mit Kartoffeln und Eiern

- Zubereitungszeit: ca. 45 Minuten
- Für 4 Portionen
- Dazu paßt ein Glas Bier
- **deftig** ● **günstig**

1/8 l Kalbsfond (aus dem Glas), 4 Schalotten, etwas Salz, weißer Pfeffer aus der Mühle, 2 EL Balsamessig, 3 EL Walnußöl

300 g Feldsalat

250 g Kartoffeln, 4 Eier, 50 g magerer Speck, 1 Zwiebel, 20 g Butter

1. Kalbsfond in einen Topf geben und erhitzen. Die Schalotten schälen, fein schneiden und dazugeben. Kurz aufkochen lassen und mit Salz und Pfeffer würzen. Den Essig und das Öl nach und nach dazugeben und mit dem Mixstab verrühren.

2. Den Feldsalat verlesen, die Wurzelenden abschneiden und die Röschen einzeln vorsichtig waschen. Anschließend 10 Minuten in kaltem Wasser stehen lassen. Trockenschleudern oder in einem Sieb abtropfen lassen.

3. Die Kartoffeln abbürsten und mit der Schale gar kochen. Die Eier in Wasser hart kochen. Den Speck in feine Streifen schneiden. Die Zwiebel schälen und in feine Scheiben schneiden. Erst den Speck, dann die Zwiebelringe in der Butter braten.

4. Die Kartoffeln schälen, noch heiß durch eine Presse drücken und auf vier mittelgroßen Tellern verteilen. Die Eier pellen und fein hacken.

5. Den Feldsalat in die Marinade geben und vorsichtig wenden, anschließend sofort auf dem Kartoffelpüree anrichten. Mit dem Speck, dem gehackten Ei und den gebratenen Zwiebelringen garnieren.

Kalte Gemüse-Kefir-Suppe

- Zubereitungszeit: ca. 2 1/2 Stunden
- Quellzeit: ca. 10 Stunden
- Kühlzeit: ca. 2 Stunden
- Dazu paßt Knoblauchbrot

● **frisch** ● **leicht**

125 g getrocknete Kidneybohnen
je 1/2 gelbe und grüne Paprikaschote, 100 g Tomaten
1 kleine rote Zwiebel, 250 g Kefir (1,5% Fett), etwas Vollmilch, wenig Meersalz, weißer Pfeffer aus der Mühle, Paprikapulver edelsüß, 1 Msp. Cayennepfeffer, etwas Rohrzucker
2 EL gehackte Petersilie, 2 EL Leinsamen

1. Die Bohnen etwa 10 Stunden in kaltem Wasser quellen lassen. Im Einweichwasser knapp 2 Stunden köcheln, abtropfen und abkühlen lassen.
2. Die Paprikaschoten inzwischen in Streifen schneiden. Die Tomaten brühen, enthäuten und halbieren, entkernen und das Fruchtfleisch würfeln.
3. Die Zwiebel halbieren und die Hälften in Scheiben schneiden. Den Kefir mit etwas Milch verrühren und mit den Gewürzen und dem Zucker abschmecken.
4. Drei Viertel der Petersilie, das Gemüse und die Bohnen mit dem Kefir mischen. Das Ganze etwa 2 Stunden kalt stellen, zuletzt mit den Leinsamen und der restlichen Petersilie bestreuen.

Blattsalate mit Sprossen und Pilzen

- Zubereitungszeit: ca. 45 Minuten
- Zeit zum Keimen: 3 Tage
- Paßt zu Wildgerichten

● **gesund** ● **zeitintensiv**

50 g Sonnenblumenkerne (zum Keimen)
ca. 500 g Blattsalate (z. B. 1 kleiner Lollo rosso und 1 kleiner Löwenzahnsalat), 30 g Brunnen- oder Gartenkresse, 300 g Austernpilze, 1 kleine Zwiebel, 1–2 Knoblauchzehen
3 EL Pflanzenöl, etwas Salz, weißer Pfeffer aus der Mühle
2 EL flüssiger Honig, 4 EL Apfelessig, 2 EL Sojasauce, 8 EL Sonnenblumenöl
50 g Sonnenblumenkerne

1. Die Sonnenblumenkerne 3 Tage keimen lassen. Die Keimlinge abspülen und abtropfen lassen.
2. Die Salate in mundgerechte Stücke zerpflücken. Die Austernpilze je nach Größe halbieren oder vierteln, dicke Strünke entfernen. Die Zwiebel und die Knoblauchzehen fein hacken.
3. Das Öl erhitzen und die Pilze darin kräftig anbraten. Die Hitze reduzieren, Zwiebel und Knoblauch hinzufügen und unter Wenden einige Minuten dünsten. Mit Salz und Pfeffer abschmecken. Abkühlen lassen.
4. Aus den restlichen Zutaten bis auf die Sonnenblumenkerne ein Dressing rühren. Die Sonnenblumenkerne in der trockenen Pfanne rösten. Die Salate mit den Keimlingen und den Pilzen mischen und das Ganze auf Tellern anrichten. Das Dressing darüberträufeln und die Sonnenblumenkerne darüberstreuen.

Der Krebs liebt frische Zutaten und kommt daher bei diesem Salat mit Blattsalaten, Kresse und Sprossen voll auf seine Kosten. Für ein so liebevoll zubereitetes Gericht ist kein Weg zu weit, und sollten Sie das Keimen der Sprossen zu spät in Angriff nehmen – man kann sie auch fertig gekeimt kaufen.

Kalbskotelett mit Zitronensauce

- Zubereitungszeit: ca. 40 Minuten
- Für 4 Portionen
- Dazu passen gebratene ganze Kartöffelchen

● **ausgefallen** ● **aufwendig**

300 g Blattspinat, 4 Schalotten

4 Kalbskoteletts à ca. 200 g, etwas Salz, weißer Pfeffer aus der Mühle, 2 EL Mehl, 3 EL Butterschmalz

1 Msp. geriebene Muskatnuß

1/4 l Kalbsfond (aus dem Glas), 2 EL Zitronensaft, 1 Msp. Zucker, 1 EL kalte Butter

1. Den Spinat waschen und putzen. Die Schalotten schälen und in dünne Scheiben schneiden.

2. Die gewaschenen und trockengetupften Koteletts mit Salz und Pfeffer einreiben und in dem Mehl wenden. 2 Eßlöffel Butterschmalz in einer Pfanne erhitzen und die Koteletts dann von jeder Seite in 4 bis 5 Minuten goldbraun braten.

3. Inzwischen 1 Eßlöffel Butterschmalz in einem Topf erhitzen und die Schalotten darin glasig dünsten. Den Spinat dazugeben und zusammenfallen lassen. Das Gemüse mit Salz, Pfeffer und Muskat würzen.

4. Die Koteletts zugedeckt warm stellen. Den Bratensatz in der Pfanne mit dem Kalbsfond ablöschen und diesen etwas einkochen lassen. Die Sauce mit Zitronensaft, Zucker, Salz und Pfeffer abschmecken. Die Butter in Flöckchen zum Binden in die nicht mehr kochende Sauce einrühren.

5. Koteletts und Spinat auf Tellern anrichten. Die Sauce dazu reichen.

Wenn der Mond im Krebs steht, zählt vor allem Frische in der Küche. Spinat ist daher ideal. Die Zubereitung dieses Gerichtes ist zwar etwas arbeitsaufwendig, doch das Ergebnis entschädigt die Geschmacksnerven gründlich. Und unter Krebs-Einfluß macht das Bemuttern und Bekochen halt besonders Spaß.

Frische Zutaten und das Element des Wassers stehen bei diesem ungewöhnlichen Rezept im Vordergrund. Dazu bedarf es etwas Liebe am Kochen, doch die ist an Tagen, an denen der Mond im Krebs steht, reichlich vorhanden.

Fisch in Zellophan

- Zubereitungszeit: ca. 30 Minuten
- Für 4 Portionen
- Dazu paßt Reis
- **ausgefallen** • **gesund**

500 g Gold- oder Rotbarschfilet, 1/2 TL Salz,
6 EL Reiswein oder Sherry Amontillado
1 Bund Frühlingszwiebeln, 20 g frischer Ingwer
2 EL Sojaöl
Einmachzellophan

1. Das Fischfilet quer in 2 cm breite Streifen schneiden, mit Salz bestreuen und im Reiswein oder im Sherry wenden.

2. Die Zwiebeln putzen, den Ingwer schälen und beides in sehr feine Streifen schneiden.

3. Aus Einmachzellophan etwa 30 bis 35 Quadrate (15 cm groß) schneiden.

4. Das Öl im Wok erhitzen. Jeweils ein Stück Fisch zusammen mit etwas Frühlingszwiebel- und Ingwerstreifen locker auf ein Zellophan legen und locker einpacken. Die Ränder befeuchten und andrücken.

5. Die Fischpäckchen unmittelbar danach im heißen Öl etwa 3 Minuten braten, dann auf einer vorgewärmten Platte anrichten und heiß servieren. Jeder Gast packt bei Tisch die Päckchen selbst aus.

Wenn der Mond im Krebs steht, wird mit viel Liebe gekocht. Und da sind die Spinatstrudel genau das richtige für Sie. Viel Blattgemüse und Kohlenhydrate passen zu dieser Mondposition und die Hingabe bei der Zubereitung regelt den Rest.

Kleine Spinatstrudel

- Zubereitungszeit: ca. 1 1/2 Stunden
- Für 4 Portionen
- Dazu paßt ein leichter Rosé
- **arbeitsintensiv** ● **günstig**

750 g Blattspinat
3 Zweige Zitronenmelisse, 4 Schalotten, 4 EL Sonnenblumenkerne, 100 g Schafskäse
etwas Salz, schwarzer Pfeffer aus der Mühle
1 Packung gekühlter, fertiger Strudelteig (300 g), etwas Mehl zum Ausrollen, 100 g flüssige Butter

1. Den Spinat verlesen, gut waschen, tropfnaß in einen Topf geben und bei mittlerer Hitze in etwa 3 Minuten zusammenfallen lassen. Ihn danach gut abtropfen lassen und sehr fein hacken.
2. Die Zitronenmelisse waschen und die Blätter von den Stielen zupfen. Die Schalotten schälen. Beide Zutaten fein hacken und mit dem Spinat mischen. Den Ofen auf 220 °C vorheizen. Die Sonnenblumenkerne fein hacken. Den Käse zerbröckeln. Die Hälfte der Sonnenblumenkerne und den Käse mit dem Spinat mischen. Alles mit Salz und Pfeffer abschmecken.
3. Den Strudelteig auf einer bemehlten Arbeitsfläche sehr dünn ausrollen und in 8 gleich große Rechtecke schneiden. Diese mit etwas flüssiger Butter bestreichen.
4. Die Spinatmischung auf die Teigstücke verteilen. Dabei ringsum einen kleinen Rand frei lassen. Die langen Seiten der Teigstücke nach innen einschlagen. Dann die Stücke von einer schmalen Seite her zusammenrollen. Die Nähte fest zusammendrücken.
5. Eine große, flache Auflaufform ausfetten. Die Strudel etwas rund biegen und mit den Nähten nach unten in die Form setzen. Sie dann mit der restlichen Butter bepinseln und mit den restlichen Sonnenblumenkernen bestreuen.
6. Die Strudel im Ofen auf der mittleren Schiene in etwa 45 Minuten goldgelb backen.

Spaghettipuffer mit Kräuterquark

- Zubereitungszeit: ca. 50 Minuten
- Für 4 Portionen
- Dazu paßt grüner Salat oder Tomatensalat
- **günstig** ● **gesund**

etwas Salz, 400 g Gabelspaghetti oder zerbrochene normale Spaghetti
250 g Quark (40% Fett i. Tr.), 4 EL Milch, 1/2 Bund Petersilie, 6 Zweige Kerbel, 1 Zweig Estragon, 1/2 Bund Schnittlauch, 1/2 Bund Dill, 1 Zwiebel, etwas Cayennepfeffer, 1 TL geriebener Meerrettich
3 frische Eier, 2 EL Semmelbrösel, 1 EL Mehl, schwarzer Pfeffer aus der Mühle
2–3 EL Öl

1. 4 l Salzwasser in einem Topf zum Kochen bringen. Die Gabelspaghetti hineingeben und in 6 bis 8 Minuten bißfest kochen.
2. In der Zwischenzeit für den Kräuterquark den Quark mit der Milch verrühren. Die Kräuter waschen und fein hacken. Die Zwiebel schälen und ebenfalls fein hacken. Kräuter und Zwiebelwürfel unter den Quark rühren und diesen mit Salz, Cayennepfeffer und Meerrettich pikant abschmecken.
3. Die Nudeln in ein Sieb schütten, unter fließend kaltem Wasser abkühlen und sehr gut abtropfen lassen. Die Eier mit den Semmelbröseln und dem Mehl kräftig verquirlen und die Mischung mit Salz und Pfeffer würzen. Die Nudeln darunterheben.
4. Den Backofen auf 100 °C vorheizen. Das Öl in einer großen beschichteten Pfanne erhitzen. Die Nudelmasse mit einer kleinen Schöpfkelle nacheinander portionsweise hineingeben und flach drücken. Die Puffer jeweils in insgesamt 6 bis 8 Minuten auf beiden Seiten knusprig braten. Die fertigen Puffer im vorgeheizten Backofen zugedeckt warm stellen. Den Kräuterquark zu den Spaghettipuffern servieren.
(siehe Foto rechts)

WENN DER MOND IM LÖWEN STEHT

Wenn der Mond im Löwen steht – weht ein Hauch von Luxus durch die Küche

In dieser Mondposition greift die Sonne als Beikoch zum Kochlöffel – und ist nicht selten geneigt, dem Chefkoch ernsthafte »Konkurrenz« zu machen. An Großzügigkeit und Kreativität ist dieses Küchen- und Kochteam jedenfalls nicht zu überbieten. Und erlaubt ist an diesen Mond-Tagen nicht nur was gefällt, sondern auch alles, was teuer und wertvoll ist... So kommt es, daß an Löwe-Mond-Tagen besonders erlesene Zutaten, Lebens- und Nahrungsmittel in Töpfe und Pfannen wandern (sollten). Sekt oder Selters? Das ist hier gewiß keine Frage. Klar, daß ersterer nicht fehlen darf. Und etwas Kaviar macht sich ja auch immer ganz gut. Doch egal, welche edlen Köstlichkeiten letztendlich auf den Tisch kommen, das Mond/Sonne-Team kreiert üppige Kompositionen mit dem Prädikat »fünf Sterne«. Wenn nicht mehr...
Fazit: Wenn der Mond im Löwen steht, ist also Nobel Cuisine angesagt, die aufwendige Tischdekoration inbegriffen. An diesen Tagen treibt man gern besonderen Luxus. Ganz gleich, was auf der »königlichen« Tafel auch serviert werden mag, es muß Auge, Nase und Gaumen verwöhnen – und auf die Gäste einen starken und nachhaltigen Eindruck machen. Koste es, was es wolle.
Der Löwe-Mond schätzt Gebratenes, Pikantes und Exklusives. Wobei der Einkauf vorzugsweise im Delikatessen-Fachgeschäft getätigt wird. Denn (fast) alles ist wichtig an Löwe-Mond-Tagen, nur der Preis nicht.

- **Duft-Ecke:** Cassia – ein Duft, der das feurige Temperament schürt und die Löwe-Qualitäten weckt. Mimose – Dieses Aroma besänftigt die Löwe-Energien, die in negativer Entsprechung zu Anmaßung und Arroganz führen können.

Kulinarische Charakteristika

- **Beikoch:** Sonne
- **Element:** Feuer
- **Prinzip:** Zeugung
- **Farbe:** Orange, Gold, leuchtende Farben
- **Stimmung:** spendabel, optimistisch, selbstbewußt
- **Tagesqualität:** kreativ, herzlich, temperamentvoll
- **Energiequelle:** Eiweiß
- **Pflanzenteil:** Frucht
- **Kräuter:** Basilikum, Rosmarin, Ginseng
- **Gewürze:** Zimt, Piment, Vanille
- **Obst:** Orange, Mango, Himbeere, Guave
- **Gemüse:** Tomate, Artischocke, Austernpilze
- **Salat:** Lollo rosso
- **Sonstiges:** Balsamessig, Mozzarella

Pfifferlinge, Kaninchenfilets und Walnüsse. Wenn das nicht dem vornehmen Löwe-Prinzip entspricht. Lassen Sie sich und Ihre Gäste von diesem edlen Salat verzaubern, der durch die auserlesenen Zutaten und die ausgefallene Zubereitung zur Geltung kommt.

Bataviasalat mit Kaninchen

- Zubereitungszeit: ca. 40 Minuten
- Für 4 Portionen
- Dazu paßt ein Glas Gewürztraminer
- **aufwendig** • **erlesen**

1–2 Köpfe Bataviasalat, 150 g Sonnenblumenkeime, 200 g frische Pfifferlinge, 2 Schalotten
1 Bund Estragon, 1 TL Estragonsenf, 6 EL Weißweinessig, 8 EL Walnußöl
2 Kaninchenrücken (à ca. 400 g), 1/2 TL Meersalz, schwarzer Pfeffer aus der Mühle, 3 EL Sonnenblumenöl, 1 EL Butter
40 ml Weißwein
80 g Walnußkerne

1. Den Bataviasalat putzen, waschen, in mundgerechte Stücke zupfen. Dabei Strunkansätze und feste Blattrippen entfernen. Die Keime gründlich waschen und gut abtropfen lassen. Die Pfifferlinge putzen, waschen, trockentupfen und je nach Größe halbieren oder vierteln. Die Schalotten schälen und fein hacken.

2. Den Estragon waschen, trockentupfen, die Blättchen abzupfen und fein hacken. Den Senf, und den Estragon in eine Salatschüssel geben, das Ganze zusammen mit dem Essig verrühren. Das Walnußöl dazugeben und die Vinaigrette aufschlagen.

3. Die Kaninchenrückenfilets mit einem scharfen Messer herauslösen, mit Salz und Pfeffer würzen und in dem Sonnenblumenöl in einer Pfanne von allen Seiten etwa 3 Minuten braten. Zum Schluß die Butter dazugeben, die Rückenfilets darin kurz wenden, herausnehmen und warm stellen.

4. Die Schalotten im Bratfett anschwitzen, die Pilze beifügen und mit Salz und Pfeffer würzen. Etwa 3 Minuten bei großer Hitze unter Schwenken braten und dann mit dem Wein ablöschen. Pfifferlinge herausnehmen, den Fond zur Hälfte einkochen lassen und unter die Vinaigrette rühren.

5. Die Walnußkerne grob zerbrechen und zusammen mit den Pfifferlingen, den Keimen und dem Bataviasalat mischen. Die Kaninchenrückenfilets in 1 cm dicke Scheiben schneiden und darauf anrichten.

Brunnenkressesuppe mit Wachteleiern

- Zubereitungszeit: ca. 50 Minuten
- Für 4 Portionen
- Dazu paßt ein Glas Grauburgunder
- **ausgefallen** ● **mild**

1 großes Bund Brunnenkresse (etwa 300 g), 3/4 l Gemüsebrühe

100 g Schalotten, 4 EL Butter, 1 EL Mehl, 280 g Sahne

8 Wachteleier

etwas Salz, weißer Pfeffer aus der Mühle, 1 Spritzer Himbeeressig

1. Die Brunnenkresse waschen und gut abtropfen lassen. Die Blätter abzupfen und einige beiseite legen. Die restlichen Blätter fein hacken. Die Stiele sehr fein schneiden und zusammen mit den gehackten Blättern in der Gemüsebrühe etwa 8 Minuten kochen lassen. Die Kressestücke abgießen und den Fond dabei auffangen.

2. Die Schalotten schälen und in feine Würfel schneiden. Diese in der Hälfte der Butter glasig dünsten. Das Mehl hinzufügen und es etwa 1 Minute anschwitzen. Alles unter Rühren mit dem Kressefond und 250 g Sahne ablöschen und das Ganze etwa 5 Minuten bei schwacher Hitze köcheln lassen.

3. Die gekochten Kressestücke in die Suppe geben, diese einmal aufkochen lassen und im Mixer oder mit dem Pürierstab pürieren. Die Wachteleier mit kaltem Wasser aufsetzen, dieses aufkochen und die Eier etwa 1 1/2 Minuten kochen lassen. Sie unter kaltem Wasser abschrecken, sofort pellen und danach etwas abkühlen lassen. Die Eier vorsichtig halbieren.

4. Die restliche Butter mit dem Schneebesen oder dem Pürierstab unter die Suppe rühren. Die restliche Sahne steifschlagen, darunterheben und die Suppe mit Salz, Pfeffer und Himbeeressig abschmecken.

5. Die Suppe in tiefen Tellern anrichten, 4 halbe Wachteleier hineingeben und mit den beiseite gelegten Kresseblättern garnieren.

Es muß nicht immer Kaviar sein – Wachteleier tun es heute auch einmal. Wenn der Mond im Löwen steht, wird an nichts gespart. Die Stimmung ist spendabel und kreativ, und da paßt diese Suppe optimal.

An Löwe-Mond-Tagen bietet sich unter anderem Fruchtgemüse wie Paprika und Tomaten an. Beides wird in diesem Rezept aufwendig zubereitet und liebevoll angerichtet.

Wirsingsäckchen in Paprikasauce

- Zubereitungszeit: ca. 1 1/4 Stunden
- Für 4 Portionen
- Dazu paßt körnig gekochter Reis oder Baguette

● **heimisch** ● **deftig**

2 rote Paprikaschoten, 250 g Tomaten

2 Zwiebeln, 2 Knoblauchzehen, 2 EL Olivenöl, 2 EL Butter, 1 TL Paprikapulver edelsüß

etwas Cayennepfeffer, 1/2 TL gerebelter Thymian, etwas Salz, etwas Zucker

1 kleiner Wirsingkohl

100 g gekochter Schinken, 1 Bund Schnittlauch, 3 Eier, 400 g Frischkäse

1. Die Paprikaschoten mit einem scharfen Messer der Länge nach einritzen. Die Schoten in einer trockenen, heißen Pfanne so lange wenden bis die Haut aufplatzt. Diese dann abziehen und die Schoten sehr fein würfeln. Die Tomaten kreuzweise einritzen, kurz überbrühen, abschrecken, enthäuten, vierteln, entkernen und dabei die Stengelansätze abschneiden. Das Fruchtfleisch in Würfel schneiden.

2. Die Zwiebeln und die Knoblauchzehen schälen und würfeln. Das Öl in einem Topf erhitzen und Zwiebel- sowie Knoblauchwürfel darin glasig dünsten. Die Butter dazugeben und das Paprikapulver einrühren.

3. Tomaten- und Paprikawürfel in den Topf geben und alles mit Cayennepfeffer, Thymian, Salz und Zucker abschmecken. Die Sauce etwa 10 Minuten zugedeckt, dann etwa 5 Minuten offen köcheln lassen.

4. In der Zwischenzeit den Wirsingkohl in einzelne Blätter zerteilen. 12 Wirsingblätter in kochendem Salzwasser etwa 4 Minuten blanchieren. Sie dann herausnehmen, abschrecken und gründlich abtropfen lassen. Die restlichen Wirsingblätter können Sie z. B. für eine Gemüsepfanne verwenden.

5. Den Schinken in kleine Würfel schneiden. Den Schnittlauch waschen und trockenschütteln. Die Eier mit dem Frischkäse verrühren. Die Schinkenwürfel daruntermischen und die Masse mit Salz und Pfeffer würzen. Je 1 Eßlöffel Frischkäsemasse in die Mitte eines Wirsingblatts geben und dieses mit Schnittlauch vorsichtig wie ein Säckchen zusammenbinden.

6. Die Wirsingsäckchen in die Paprikasauce setzen und darin, zugedeckt bei schwacher Hitze etwa 10 Minuten garen.

Gefüllte Paprika mit Haselnußsauce

- Zubereitungszeit: ca. 1 1/2 Stunden
- Einweichzeit: ca. 12 Stunden
- Für 4 Portionen
- Dazu paßt körnig gekochter Reis
- **aufwendig** ● **fruchtig**

100 g Haselnußkerne, 300 ml Milch

200 g süße Sahne, 200 g Feta (griechischer Schafskäse), 2 EL Zucker, etwas Salz, weißer Pfeffer aus der Mühle

100 g Zwiebeln, 3 Knoblauchzehen, 1 Bund glatte Petersilie, 1 Apfel, 2 kleine Bananen

200 ml Hühnerbrühe, 200 g Schweinemett

1 kleine Dose geschälte Tomaten, 40 g ungeschwefelte Rosinen, 40 g gehackte Mandeln, etwas gemahlener Zimt

4 große Paprikaschoten

1/8 l Weißwein

1. Für die Nußsauce die Nußkerne über Nacht in der Milch einweichen.
2. Am nächsten Morgen die Milch abgießen. Haselnüsse, 200 ml der Milch, Sahne und Käse pürieren, die Sauce mit Zucker, Salz und Pfeffer abschmecken.
3. Die Zwiebeln und die Knoblauchzehen schälen und fein hacken. Die Petersilie unter kaltem Wasser abspülen, trockenschütteln und ebenfalls fein hacken. Den Apfel schälen, vierteln, vom Kerngehäuse befreien und in kleine Stücke schneiden. Die Bananen schälen und ebenfalls in kleine Stücke schneiden.
4. Die Hühnerbrühe in einem Topf aufkochen lassen. Zwiebel- und Knoblauchwürfel in die kochende Brühe geben. Das Mett hinzugeben und kräftig umrühren, so daß es in kleine Brösel zerfällt.
5. Die Apfel- und Bananenstücke sowie die abgetropften Tomaten unter die Brühe rühren. Die Rosinen und die Mandeln dazugeben. Alles im offenen Topf 20 bis 30 Minuten kochen, bis die Mischung eingedickt ist. Die Petersilie darunterrühren und alles mit Zimt, Salz und Pfeffer abschmecken.
6. Am Stielansatz der Paprikaschoten einen Deckel abschneiden. Die weißen Rippen und Kerne herausschneiden. Die Schoten waschen, trockentupfen und die Füllung hineingeben. Den Deckel wieder darauf setzen.
7. Den Weißwein in einem großen Schmortopf erhitzen. Die Paprikaschoten hineinsetzen und etwa 20 Minuten bei mittlerer Hitze schmoren lassen. Sie danach herausnehmen und auf einer Pfanne anrichten. Die Nußsauce leicht unter Rühren erwärmen und zu den Schoten servieren.

Grüne Nudeln mit Lachs

- Zubereitungszeit: ca. 45 Minuten
- Für 2 Portionen
- Dazu paßt Blattsalat
- **aufwendig** ● **fein**

200 g grüne Bandnudeln, Jodsalz

50 g kleine Champignons, 100 g frisches Lachsfilet

1 TL Butter, 1 EL Wein oder Brühe, 4 EL Sahne, 1 TL Zitronensaft, etwas Meersalz, etwas Cayennepfeffer

1/2 EL gehackte Petersilie

1. Die Nudeln in Salzwasser bißfest kochen, in einem Sieb abtropfen lassen.
2. Inzwischen die Champignons putzen und vierteln. Das Lachsfleisch in etwa 5 cm lange Streifen schneiden.
3. Die Butter in einem Topf erhitzen, die Champignons dazugeben und braten, bis Flüssigkeit austritt. Mit Wein ablöschen, die Sahne und den Zitronensaft dazugeben und mit Salz und Cayennepfeffer würzen.
4. Die Lachsstreifen hinzufügen und kurz gar ziehen lassen.
5. Die Nudeln unter die Lachssauce heben. Mit der Petersilie bestreut servieren.

An feurigen Löwe-Mond-Tagen eignen sich besonders gut Gerichte mit farbenfrohen Zutaten wie oranger Lachs, grüne Nudeln und Petersilie. Die bevorzugte Energiequelle Eiweiß wird durch Fisch und Sahne gedeckt.

Hier kommt das Element des Löwe-Prinzips, nämlich das Feuer, zur Geltung – Chilischoten und Zwiebeln werden mit exotischen Gewürzen und Saucen zu einem erlesenen asiatischen Gericht kombiniert, das in seinem Temperament hervorragend zu dieser Mondposition paßt.

Rindfleisch mit Zwiebeln und Chili

- Zubereitungszeit: ca. 1 Stunde (ohne Marinierzeit)
- Für 4 Portionen
- Dazu paßt Basmatireis

● scharf ● exotisch

400 g Rinderfilet, 2 EL Reiswein, 2 EL dunkle Sojasauce, 1 Eiweiß, 2 EL Maisstärke

2 große Zwiebeln, 2 Frühlingszwiebeln, 3 Chilischoten, 1 Knoblauchzehe, 10 g frischer Ingwer

4 EL Erdnußöl

4 EL helle Sojasauce, 2 EL Hoisinsauce (asiatisches Spezialgeschäft), 2 EL Reiswein oder Sherry Amontillado, 1/4 TL schwarzer Pfeffer aus der Mühle, 1/2 TL Sambal oelek

1. Das Fleisch in dünne Scheiben schneiden und mit dem Reiswein, der dunklen Sojasauce und dem Eiweiß gut mischen. Die Hälfte der Stärke darüberstäuben, alles nochmals gut mischen und etwa 30 Minuten marinieren lassen.

2. Die Zwiebeln schälen, halbieren und in dünne Scheiben schneiden. Die Frühlingszwiebeln putzen, waschen, schräg in 2 cm große Stücke schneiden. Die Chilischoten waschen, putzen und in dünne Ringe schneiden. Den Knoblauch und den Ingwer schälen und fein hacken.

3. Etwa 3 Eßlöffel Erdnußöl erhitzen, das Fleisch darin gut anbraten, dann herausnehmen und warm stellen.

4. Für die Sauce die helle Sojasauce, die Hoisinsauce, den Reiswein oder den Sherry, den Pfeffer, das Sambal oelek und die restliche Stärke mischen.

5. Das restliche Erdnußöl erhitzen, die Zwiebeln darin anbraten, dann nacheinander die Frühlingszwiebeln, den Knoblauch, den Ingwer und die Chilischoten pfannenrühren. Die Sauce darunterziehen, sie einmal aufkochen lassen, dann das Fleisch darunterheben. Alles nochmals erhitzen und auf einer Platte servieren.

Lassen Sie sich inspirieren! Edle Zutaten wie Kalbsfond und Ziegenkäse werden in diesem Gericht auf ungewohnte Weise kombiniert. So entsteht eine pikante Kreation, die durch den Käse den Eiweißbedarf deckt, was ja an Löwe-Mond-Tagen günstig ist.

Mangoldröllchen mit Ziegenkäse

- Zubereitungszeit: ca. 45 Minuten
- Für 4 Portionen
- Dazu passen Rösti oder Salzkartoffeln
- **ausgefallen** • **deftig**

500 g Mangold, etwas Salz

1 Bund Petersilie, 1 Ei, 3 EL Semmelbrösel, 4 EL Kalbsfond (aus dem Glas), schwarzer Pfeffer aus der Mühle

300 g Ziegenkäse (z. B. Chavroux)

500 g rote Paprikaschoten, 100 g Zwiebeln, 2 Knoblauchzehen

2 EL Olivenöl

1. Die Mangoldblätter verlesen, waschen und in kochendem Salzwasser etwa 3 Minuten blanchieren. Sie dann unter fließendem kalten Wasser abschrecken und gut abtropfen lassen. Von den Blättern die dicken Rippen herausschneiden, diese fein hacken und beiseite stellen.

2. Für die Füllung die Petersilie abspülen, trockenschütteln und fein hacken. Sie mit dem Ei, den Semmelbröseln und dem Kalbsfond verrühren und mit Salz und Pfeffer würzen.

3. Die Mangoldblätter ausbreiten und die Semmelbröselmasse gleichmäßig darauf streichen. Den Ziegenkäse in Streifen schneiden und auf die Masse legen. Die Mangoldblätter seitlich einschlagen, vorsichtig aufrollen und mit Holzzahnstochern zusammenstecken.

4. Die Paprikaschoten vierteln, von den weißen Rippen und Kernen befreien, waschen und in kleine Würfel schneiden. Die Zwiebeln und den Knoblauch schälen und fein hacken.

5. Das Öl in einem Topf zerlassen. Zwiebel- und Knoblauchwürfel darin glasig dünsten. Die Paprikawürfel und die feingehackten Mangoldrippen darunterrühren und alles mit Salz würzen. Die Mangoldröllchen auf diese Mischung setzen und zugedeckt etwa 10 Minuten bei mittlerer Hitze dünsten.

An Löwe-Mond-Tagen kann es in der Küche gar nicht luxuriös genug zugehen. Da paßt ein edles Gericht mit Entenbrust ganz ausgezeichnet. Und wenn es dazu noch knusprig gebraten ist, bleiben Ihnen unter Löwe-Mond-Einfluß kulinarisch keine Wünsche mehr offen.

Knusprig gebratene Ente

- Zubereitungszeit: ca. 1½ Stunden
- Für 4 Portionen
- Dazu passen chinesische Nudeln
- **aufwendig** ● **deftig**

4 Tung-Koo-Pilze

500 g Entenbrust mit Haut, 3 mittelgroße Karotten, je 1 rote und grüne Paprikaschote, 4 Frühlingszwiebeln, 100 g Champignons, 150 g frische Mungbohnenkeime

2 EL Maisstärke

Sojaöl zum Fritieren und Braten, 200 ml Hühner- oder Entenbrühe, 4 EL helle Sojasauce, etwas Salz, 1 EL Sesamöl

½ TL schwarzer Pfeffer aus der Mühle

1. Die Tung-Koo-Pilze in etwa ½ l Wasser etwa 1 Stunde köcheln lassen.
2. In der Zwischenzeit das Entenbrustfleisch in 2 cm große Würfel schneiden. Die Karotten schälen und in feine Stifte schneiden. Die Paprikaschoten putzen, vierteln, waschen und quer in feine Streifen schneiden. Die Frühlingszwieblen putzen, waschen und schräg in 1 cm lange Stücke schneiden. Die Champignons feucht abreiben, die Stielenden abschneiden und die Pilze in Scheiben schneiden. Die Mungbohnenkeime waschen und abtropfen lassen.
3. Die Tung-Koo-Pilze aus dem Sud nehmen, die Stiele abschneiden. Die Pilze in schmale Streifen schneiden. Die Stärke in etwas Wasser verrühren.
4. Etwa 2 Eßlöffel Sojaöl erhitzen. Die Frühlingszwiebeln darin anbraten, dann nach und nach die Karotten, die Paprikaschoten und die Tung-Koo-Pilze dazugeben und kurz pfannenrühren. Die Hühner- oder die Entenbrühe zum Gemüse gießen. Die Champignons und die Mungbohnenkeime dazugeben. Das Gemüse mit Sojasauce, Salz und Sesamöl würzen. Die Stärke dazugeben und die Sauce einmal aufkochen lassen. Das Gemüse herausnehmen und warm stellen.
5. Reichlich Öl zum Fritieren erhitzen. Die Entenstücke nach und nach in etwa 6 Minuten knusprig braun ausbacken. Die Stücke anschließend salzen und pfeffern, auf einer vorgewärmten Servierplatte anrichten und mit dem Gemüse umlegen.

Tiramisù

- Zubereitungszeit: ca. 35 Minuten
- Kühlzeit: ca. 3 Stunden
- Für 4 Portionen
- Dazu paßt eine Tasse Espresso
- **ausgefallen** ● **italienisch**

2 Eigelb, 2 EL Zucker, 4 EL heißes Wasser, 250 g Mascarpone, 1 TL abgeriebene Schale von 1 unbehandelten Zitrone

80 ml Espresso, 5 EL Amaretto oder Weinbrand, 100 g Löffelbiskuits

1 EL Kakaopulver

1. Die Eigelbe zusammen mit dem Zucker und 4 Eßlöffeln heißem Wasser in eine Schüssel geben. Alles in etwa 5 Minuten dick-cremig aufschlagen. Den Mascarpone löffelweise unter die Eiercreme rühren und diese mit der Zitronenschale würzen.
2. Den Espresso mit Amaretto oder Weinbrand aromatisieren. Dann die Hälfte der Löffelbiskuits jeweils kurz in diese Mischung tauchen. Den Boden einer flachen Form (15 bis 20 cm lang) mit diesen Biskuits auslegen.
3. Die Hälfte der Mascarponecreme auf den Biskuits gleichmäßig verstreichen. Die restlichen Löffelbiskuits ebenfalls kurz in die Espressomischung tauchen und auf die Creme legen. Alles mit der restlichen Mascarponecreme bedecken.
4. Die Creme für mindestens 3 Stunden zugedeckt kalt stellen. Zum Servieren das Dessert mit dem Kakaopulver bestäuben.
(siehe Foto rechts)

WENN DER MOND IN DER JUNGFRAU STEHT

Wenn der Mond in der Jungfrau steht – kommt System in die Küche

In dieser Mondposition mischt Merkur als Beikoch kräftig mit. Und prompt wird in der Küche nach kaufmännischen, nützlichen und praktischen Gesichtspunkten geschaltet und gewaltet. Doch keine Sorge. Es kommen dennoch wohlschmeckende und nahrhafte Gerichte auf den Tisch. Denn dieses Team versteht sich sowohl auf die Künste des Kochens wie auf das sparsame Wirtschaften. Das Jungfrau-Prinzip ist jedoch nicht nur preis-, sondern auch ernährungsbewußt. Aus diesem Grunde fällt zum Beispiel das Kalorienzählen (und -sparen) wesentlich leichter. Oder: Wenn es darum geht, nahrhafte und vollwertige Gerichte auf den Tisch zu bringen, bieten sich die Jungfrau-Mond-Tage ebenfalls an. Nicht zuletzt aber auch dazu, schwierige und komplizierte Rezepte nachzukochen, die volle Aufmerksamkeit (und nicht zuletzt System) erfordern.
Fazit: Wenn der Mond in der Jungfrau steht, geht es in der Küche so richtig ordentlich und methodisch zu. Weshalb so gut wie alles gelingt. Und weil das Jungfrau-Merkur-, wie auch das Mond-Krebs-Prinzip über ein ausgeprägtes »Sammler«- und Bevorratungsbedürfnis verfügten, könnte man an sich an diesen Tagen natürlich auch mit Einkochen, Einfrieren usw. beschäftigen.
Der Jungfrau-Mond hat eine Vorliebe für ebenso praktische wie vollwertige Speisen – und kann auf Fleisch durchaus mal verzichten. Wie auch immer: Hauptsache, es wird mit wenig Mitteln große Wirkung erzielt.

- **Duft-Ecke:** Myrte – der Duft der »Reinheit«. Denn Myrte wirkt desodorierend, luftreinigend, desinfizierend und mental anregend.

Bergamotte – Genau das richtige für Jungfrau-Mond-Tage: Ein spritzig aufheiternder Duft, der Nerven beruhigt und die Verdauung fördert.

Kulinarische Charakteristika

- **Beikoch:** Merkur
- **Element:** Erde
- **Prinzip:** Ernte
- **Farbe:** Sand, Hellbraun, Hellgrün
- **Stimmung:** skeptisch, mißtrauisch, kritikfreudig
- **Tagesqualität:** systematisch, sachlich, nüchtern, überlegt
- **Energiequelle:** Mineralien
- **Pflanzenteil:** Wurzel
- **Kräuter:** Kamille, Brennessel, Poleiminze
- **Gewürze:** Gewürznelke, Kümmel, Fenchel
- **Obst:** Mirabelle, Blaubeere, Kiwi
- **Gemüse:** Bohnen, Erbsen, Champignon
- **Salat:** Löwenzahn
- **Sonstiges:** Hafer, Hirse, (Erd-) Nüsse

Bei diesem Salat mit Erdnüssen kommen Sie an Jungfrau-Mond-Tagen ganz auf Ihre Kosten. Die Farben Hellgrün und Hellbraun entsprechen der heutigen Stimmung, und auch die Zutaten entsprechen dem Jungfrau-Prinzip – nahrhaft, aber preisbewußt soll es ja schließlich sein.

Zucchinisalat mit Erdnußdressing

- Zubereitungszeit: ca. 45 Minuten
- Für 4 Portionen
- Dazu paßt ein Glas Chianti

● **gesund** ● **günstig**

800 g Zucchini, 1/2 TL Meersalz, etwas Pfeffer aus der Mühle, 120 ml Erdnußöl
4 Tomaten
2 Schalotten, 1 Bund Thymian, 1 EL Senf, 100 ml Weißweinessig
100 g geschälte, ungesalzene Erdnüsse, 1 großer Kopf Radicchio, einige Thymianzweige

1. Die Zucchini putzen, waschen, trockenreiben, in etwa 1/2 cm dicke Scheiben schneiden und mit Salz und Pfeffer würzen. Etwa 3 Eßlöffel Öl in einer Pfanne erhitzen und die Zucchinischeiben nacheinander von beiden Seiten hellbraun anbraten.
2. Die Tomaten überbrühen, abschrecken, von den Stielansätzen befreien und enthäuten. Sie dann halbieren, entkernen und in etwa 1 x 1 cm große Stücke schneiden.
3. Den Backofen auf 250 °C vorheizen. Die Schalotten schälen und fein hacken. Den Thymian waschen, trockentupfen, die Blättchen abzupfen und fein hacken. Schalotten, Thymian, Senf und Essig in einer Schüssel verrühren. Nach und nach das restliche Öl darunterschlagen und die Vinaigrette mit Salz und Pfeffer abschmecken.
4. Die Ernußkerne auf einem Backblech verteilen und im Ofen in etwa 10 Minuten goldgelb rösten. Den Radicchio putzen. Die einzelnen Blätter waschen, von Strunkansätzen und festen Blattrippen befreien.
5. Die Radicchioblätter auf einer Salatplatte oder auf Tellern auslegen, die Zucchinischeiben darauf anrichten und mit der Vinaigrette begießen. Die Tomatenstücke und die Erdnußkerne darauf verteilen. Die Thymianzweige waschen, trockenschütteln und als Garnitur auf den Salat legen.

Gemüse-Hirse-Auflauf

- Zubereitungszeit: ca. 1 1/2 Stunden
- Für 2 Portionen
- Dazu paßt Champignonsalat

● **aufwendig** ● **günstig**

1 feingewürfelte Zwiebel, 2 EL Öl, 125 g Hirse, 1/4 l Gemüsebrühe, 1 TL Curry, 2 EL feingehackte Petersilie
150 g Spinat, 200 g Lauch, 200 g Möhren, 1 Lorbeerblatt, 2 EL Tomatenmark, etwas Salz, frisch gemahlener weißer Pfeffer etwas Muskat, 1 zerdrückte Knoblauchzehe
Öl für die Form, 125 g geriebener Gouda, 100 g Joghurt, 1 Ei

1. Die Hälfte der Zwiebelwürfel in 1 Eßlöffel Öl dünsten, Hirse hinzufügen. Mit Gemüsebrühe auffüllen, alles aufkochen und etwa 20 Minuten ausquellen lassen. Mit 1/2 Teelöffel Curry und der Petersilie würzen.
2. Spinat verlesen und waschen, Lauch in Ringe, Möhren in Würfel schneiden. Gemüse, Lorbeerblatt und Tomatenmark in wenig Salzwasser 5 bis 10 Minuten garen. Lorbeerblatt entfernen und alles mit Salz, Pfeffer, Muskat und Curry abschmecken. Die restlichen Zwiebelwürfel in 1 Eßlöffel Öl andünsten, den tropfnassen Spinat mitdünsten, bis er zusammenfällt. Mit Salz, Pfeffer, Muskat und Knoblauch würzen. Den Backofen auf 220 °C vorheizen.
3. Ein Drittel der Hirse in eine gefettete Auflaufform füllen, 50 g Käse darüberstreuen und das gut abgetropfte Gemüse darauf legen. Dann das zweite Drittel Hirse darauf verteilen, wieder mit 50 g Käse bestreuen und den abgetropften Spinat darauf geben. Mit der restlichen Hirse abdecken. Joghurt mit Ei und restlichem Käse verrühren, mit Salz und Pfeffer abschmecken. Den Guß über den Auflauf verteilen und alles etwa 25 Minuten backen.

Salat von Frühlingszwiebeln

- Zubereitungszeit: ca. 45 Minuten
- Für 4 Portionen
- Dazu paßt Nußbrot
- **günstig** ● **gesund**

12 Frühlingszwiebeln, 80 ml trockener Weißwein
4 EL Weinessig, 4 EL kaltgepreßtes Olivenöl,
etwas Salz, je 4 Stengel Petersilie und Thymian
6 Stengel oder 8 große Blätter frisches Basilikum,
1 hartgekochtes Ei, 1 EL gemahlene Haselnüsse
100 g Crème fraîche

1. Die weißen Knollen der Frühlingszwiebeln abschneiden. Die grünen Stangen auf gleiche Länge bringen, zu 4 Bündelchen zusammenfassen und mit Küchengarn umwickeln. 1/4 l Wasser mit Wein, Essig und Öl zum Kochen bringen und kräftig salzen. Die Zwiebelbündelchen mit Petersilie und Thymian ins Wasser geben, 5 Minuten bißfest garen, herausnehmen und auf Küchenpapier auskühlen lassen. Den Sud durch ein Sieb gießen und abkühlen lassen.

2. Basilikum in feine Streifen schneiden, das Ei fein hacken, die Zwiebelknollen ebenfalls hacken. Die Haselnüsse in der trockenen Pfanne goldbraun rösten.

3. Crème fraîche schaumig schlagen, nach und nach etwas von dem Sud dazugeben und die Sauce mit Essig und Salz abschmecken.

4. Die Zwiebelbündelchen aufschneiden und anrichten, mit der Sauce überziehen, mit den gehackten Zwiebeln und dem Ei, dem Basilikum und den Haselnüssen bestreuen.

Ein vegetarischer Salat mit Ei und vielen frischen Kräutern – da findet sich die praktisch, aber dennoch gesundheitsbewußt veranlagte Jungfrau wieder. Für besonders ordentlich eingestellte Vertreter dieser Mondposition ist in diesem Rezept das Bündeln der Zwiebeln gedacht.

Kartoffel-Zucchini-Gratin

- Zubereitungszeit: ca. 1¾ Stunden
- Für 4 Portionen
- Dazu paßt ein gemischter Salat
- **arbeitsintensiv** ● **günstig**

1 große Zwiebel, 3 EL Butter
750 g festkochende Kartoffeln, 1 kleiner, säuerlicher Apfel, 1 EL Zitronensaft
400 g kleine Zucchini
4 Eier, 200 g Sahne, etwas Salz, weißer Pfeffer aus der Mühle, frisch geriebene Muskatnuß, einige Blättchen frischer Estragon
eventuell etwas Fett zum Bestreichen

1. Die Zwiebel schälen und in feine Würfel schneiden. Die Zwiebelwürfel zusammen mit der Butter in eine Pfanne geben und sie darin glasig werden lassen. Die Zwiebeln und das Fett in eine längliche Gratinform füllen.
2. Die Kartoffeln schälen, waschen und in dünne Scheiben schneiden oder hobeln. Den Apfel vierteln, schälen und vom Kerngehäuse befreien. Die Apfelviertel in Spalten schneiden und diese sofort mit Zitronensaft beträufeln, damit sie sich nicht verfärben.
3. Die Zucchini waschen, putzen und in dünne, schräge Scheiben schneiden oder hobeln. Den Backofen auf 200 °C vorheizen. Die Kartoffelscheiben, die Apfelspalten und die Zucchinischeiben einander überlappend kreisförmig in die Gratinform schichten.
4. Die Eier mit der Sahne verquirlen, mit Salz, Pfeffer und etwas Muskat würzen. Die Estragonblättchen waschen, trockentupfen und in feine Streifen schneiden, dann unter die Eiersahne rühren und diese gleichmäßig über die eingeschichteten Zutaten träufeln.
5. Die Gratinform mit einem passenden Deckel zudecken und auf der mittleren Einschubleiste in den Ofen schieben, das Gratin etwa 20 Minuten garen.
6. Den Deckel entfernen und das Gratin noch weitere 30 bis 40 Minuten garen.

Dieses Gratin aus hellgrünen und beigen Zutaten entspricht farblich genau der Stimmung an Jungfrau-Mond-Tagen. Doch das ist nicht alles. Auch die Hauptzutat Kartoffel ist ganz nach dem heutigen Geschmack. Sie ist zwar günstig, aber dennoch wird ein äußerst schmackhaftes Gericht daraus zubereitet.

Kräuterpellkartoffeln mit Sommerquark

- Zubereitungszeit: ca. 30 Minuten
- Für 2 Portionen
- Dazu paßt ein Glas Bier
- **gesund** ● **günstig**

500 g frische, vorwiegend festkochende Kartoffeln, etwas Salz, 1 TL Kümmel, 1 TL Thymian, 1 TL Rosmarin, einige Pfefferkörner, 1 Lorbeerblatt
etwa 500 g Quark, etwas Milch, 1½ EL Öl, 1½ TL Kräutersalz, weißer Pfeffer aus der Mühle
1 kleine Zwiebel, 1 Salatgurke, ½ Birne, 10 Radieschen, 250 g Paprikaschote, 1 EL gehackter Dill, 1 EL gehackte Petersilie

1. Die Kartoffeln gründlich waschen und abbürsten. Mit etwas Salzwasser in einem Topf zum Kochen bringen. Die Gewürze dazugeben, den Topf verschließen und die Kartoffeln je nach Größe 18 bis 20 Minuten kochen.
2. In der Zwischenzeit Quark mit Milch und Öl verrühren und mit Kräutersalz und Pfeffer abschmecken.
3. Die Zwiebel, die Gurke, die Birne, die Radieschen und die Paprikaschote fein würfeln. Alles mit dem Dill und der Petersilie vorsichtig unter den Quark rühren und zu den Kartoffeln servieren.

Mandelscholle aus dem Ofen

- Zubereitungszeit: ca. 1¾ Stunden
- Für 4 Portionen
- Dazu paßt ein grüner Salat
- **günstig** ● **arbeitsintensiv**

etwas Butter für die Form und die Folie
700 g festkochende Kartoffeln
3 Eigelb, 200 g Sahne, etwas Salz, weißer Pfeffer aus der Mühle, ½ Bund glatte Petersilie
400 g Schollenfilet, etwas Zitronensaft
4 EL Butter, 4 EL Mandelblättchen
50 g Bacon (Frühstücksspeck in dünnen Scheiben)

1. Eine große, flache Gratinform gründlich mit Butter ausfetten. Ein Stück Alufolie zum Abdecken ebenfalls mit Butter bestreichen.
2. Den Backofen auf 225 °C vorheizen. Die Kartoffeln schälen, waschen und in dünne Scheiben schneiden. Die Kartoffelscheiben dachziegelförmig in die Form schichten.
3. Die Eigelbe mit der Sahne verquirlen und mit Salz und Pfeffer kräftig würzen. Die Petersilie waschen, trockentupfen, die Blätter abzupfen und diese fein hacken, dann unter die Sahne rühren.
4. Die Petersiliensahne gleichmäßig über die Kartoffeln träufeln. Die Form mit der gefetteten Alufolie abdecken und auf der mittleren Einschubleiste in den Ofen schieben. Das Gratin etwa 30 Minuten garen.
5. Inzwischen die Schollenfilets waschen, trockenreiben und verbliebene Gräten entfernen. Die Schollenfilets mit Zitronensaft beträufeln, mit Salz und Pfeffer würzen und zugedeckt beiseite stellen.
6. Die Alufolie vom Kartoffelgratin entfernen. Das Gratin noch etwa 15 Minuten offen backen.
7. Anschließend die Schollenfilets zusammenrollen oder zusammenklappen und auf die Kartoffeln legen. Jeweils einige Butterflöckchen auf die Fischfilets geben und die Mandelblättchen darüberstreuen.
8. Den Bacon in feine Streifen schneiden und diese über die Kartoffeln und den Fisch verteilen. Das Gratin weitere 10 bis 15 Minuten auf der mittleren Schiene im Ofen backen.

Heute soll es mal etwas Ausgefallenes sein? Aber natürlich nicht zu teuer! Da liegen Sie mit diesem Gericht genau richtig. Fisch, Mandeln und Kartoffeln werden gemeinsam gegart, und so entsteht ein gesundes Gratin mit außergewöhnlichen Zutaten.

Viel Gemüse und dazu noch Nüsse – so ist es ideal an jenen Tagen, in denen der Mond in der Jungfrau steht. Auf Fleisch kann man in dieser Mondposition getrost verzichten. Tofu und Eier machen dieses Gericht zu einem gesunden und zugleich preisgünstigen Vergnügen, das sich hervorragend als Snack oder für Gäste eignet.

Gemischtes Gemüse mit Erdnuß-Sauce

- Zubereitungszeit: ca. 50 Minuten
- Für 4 Portionen
- Dazu paßt Kroepoek
- **gesund** • **exotisch**

200 g Möhren, 200 g Chinakohl oder Wirsing, 200 g festkochende Kartoffeln, 200 g grüne Bohnen, etwas Salz
150 g Sojabohnenkeimlinge
100 g Salatgurke, 2–3 g hartgekochte Eier, 100 g Tofu, 1 kleine Zwiebel, 3–4 EL Öl
4 Schalotten, 2–3 Knoblauchzehen, 1 TL Sambal oelek, 1 TL Krabbenpaste
100 g ungesalzene, fein gemahlene Erdnüsse (oder Erdnußbutter), 2 EL süße Sojasauce, 1 EL Palmzucker, 1–2 EL Tamarindensaft, 3 EL Kokosmilch (Fertigprodukt)

1. Die Möhren waschen, schaben, quer halbieren und in schmale Stifte schneiden. Chinakohl oder Wirsing waschen und in mundgerechte Stücke schneiden, Kartoffeln waschen, Bohnen putzen. Alle vorbereiteten Gemüsesorten einzeln in leicht gesalzenem Wasser knapp gar kochen.
2. Inzwischen die Sojabohnenkeimlinge, falls aus dem Glas oder der Dose, in einem Sieb abtropfen lassen.
3. Die gegarten Kartoffeln pellen, in nicht zu dünne Scheiben schneiden. Die Gurke schälen und halbieren, die weiche Mitte herauskratzen, das feste Fleisch stifteln. Die Eier halbieren, den Tofu würfeln. Die Zwiebel schälen, fein hacken, in 1 Eßlöffel heißem Öl anbraten und beiseite stellen.
4. Für die Erdnußsauce die Schalotten schälen und fein würfeln, die Knoblauchzehen schälen und zerdrücken. Beides zusammen mit dem Sambal und der Krabbenpaste im Mörser zu einer feinen Paste zerreiben. Das restliche Öl in einer Pfanne erhitzen und die Paste darin ca. 2 Minuten unter Rühren anbraten.
5. Die gemahlenen Erdnüsse oder die Erdnußbutter mit der Sojasauce, dem Zucker, dem Tamarindensaft und der Kokosmilch in die Pfanne geben. Erhitzen, abschmecken, eventuell etwas salzen. Mit 300 ml Wasser ablöschen und unter Rühren einige Minuten köcheln lassen, bis die Sauce dicklich geworden ist.
6. Das ganze Gemüse auf einer großen Platte schön anrichten und mit der gebräunten Zwiebel bestreuen. Die Erdnußsauce getrennt dazu reichen.
(siehe Foto rechts)

Spaghetti mit Rucolasauce

- Zubereitungszeit: ca. 20 Minuten
- Für 4 Portionen
- Dazu paßt ein Tomatensalat
- **schnell** • **billig**

100 g Rucola (Rauke), 3 Knoblauchzehen, 100 g Magerquark, 1 EL geriebener Parmesan etwas Salz, 400 g Spaghetti
150 g Butter, weißer Pfeffer aus der Mühle

1. Den Rucola verlesen, waschen, trockentupfen und grob hacken. Die Knoblauchzehen schälen und halbieren. Die Hälfte des Rucola zusammen mit dem Knoblauch, dem Quark und dem Parmesan im Mixer zu einer cremigen Sauce pürieren.
2. 4 l Salzwasser in einem großen Topf zum Kochen bringen. Die Spaghetti hineingeben und in 8 bis 11 Minuten bißfest kochen.
3. Die Butter in einem Topf zerlassen. Nach und nach das Rucolapüree hineinrühren und bei schwacher Hitze heiß werden lassen (die Sauce darf nicht kochen). Zuletzt alles gut mit Salz und Pfeffer abschmecken.
4. Die Spaghetti in ein Sieb schütten und gut abtropfen lassen. Den restlichen Rucola in die Sauce geben, diese noch einmal umrühren und mit den Spaghetti mischen.

WENN DER MOND IN DER WAAGE STEHT

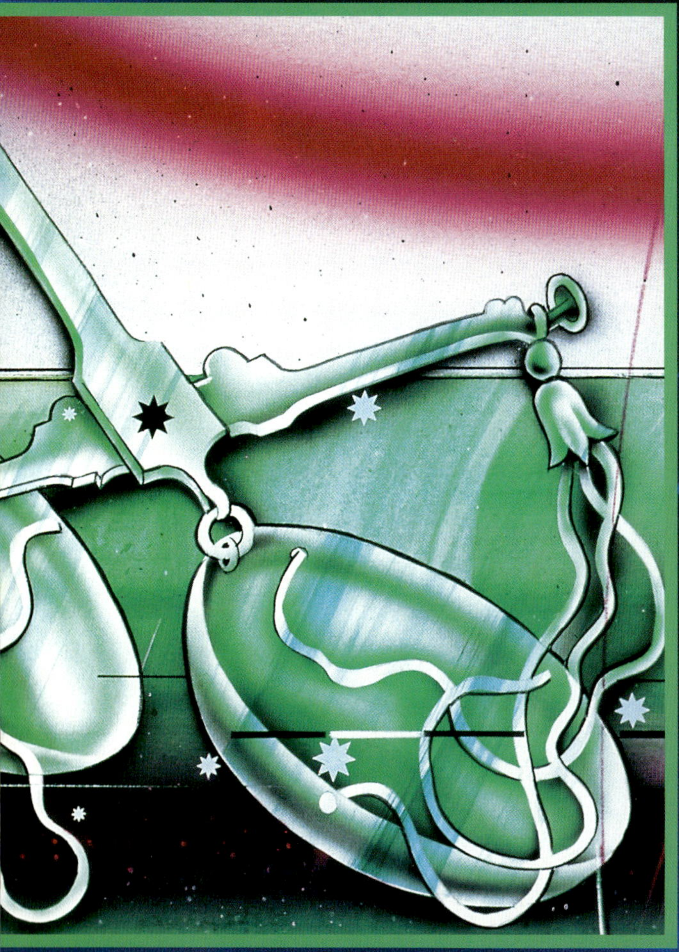

Wenn der Mond in der Waage steht – wird die Küche zur Kunst-Werkstatt

In dieser Mondposition steht (die charmante) Venus als Co-Köchin am Herd. Da liegt es auf der Hand, daß die Kochlöffel ebenso kunst- wie genußvoll geschwungen werden. Und rund um den häuslichen Herd wird an diesen Mond-Tagen vor allen Dingen eines ganz groß geschrieben, nämlich die Ästhetik. Sehr guter, bis erlesener Geschmack ist an Waage-Mond-Tagen angesagt, was keinesfalls nur auf die Zutaten und Gewürzmischungen begrenzt ist. Das ganze Ambiente besticht durch perfekte Harmonie von Farben und Formen, durch Eleganz und Stil. Denn Waage und Venus symbolisieren die Lebens-, und der Mond die Koch-Kunst. Keine Frage also, mit dem Waage-Mond kommen sämtliche Sinne und Geschmacksnerven voll und ganz auf ihre Kosten.

Fazit: Wenn der Mond in der Waage steht, kommt es nicht allein auf das Menü an, welches jeweils serviert wird, sondern ganz besonders auch auf eine stimmungsvolle Atmosphäre. Natürlich gehört das »Sonntags«-Geschirr ebenso auf den nobel gedeckten Tisch wie die raffiniert gefalteten Stoffservietten, die Kerzenleuchter etc. Daß die dezente Musik im Hintergrund nicht fehlen darf, ist selbstverständlich auch Ehrensache.

Der Waage-Mond liebt die »feine Küche« und hält daher nicht viel von Aufläufen und Eintöpfen. Das Essen ist ein Fest, das gefeiert und genossen werden will. Und drei Gänge sind das mindeste. Daß besonderer Geschmack schon immer etwas teurer war, stört dabei übrigens nicht.

- **Duft-Ecke:** Geranie – ein lieblich-duftiger Duft, der Ausgleich und Harmonie verspricht – bzw. fördert. Rose – Dieser Venus-Duft ist an Waage-Mond-Tagen unentbehrlich. Er macht sanft, weich und gefühlvoll.

Kulinarische Charakteristika

- **Beikoch:** Venus
- **Element:** Luft
- **Prinzip:** Verbindung
- **Farbe:** Hellblau, Taubenblau, Rosa
- **Stimmung:** harmoniebedürftig, wankelmütig
- **Tagesqualität:** diplomatisch, verbindlich, freundlich
- **Energiequelle:** Fett
- **Pflanzenteil:** Blüte
- **Kräuter:** Liebstöckel, Salbei, Duftgeranie
- **Gewürze:** Thymian, Vanille, Mohn
- **Obst:** Aprikose, Pfirsich, Kirsche
- **Gemüse:** Brokkoli, Gurken, Kirschtomate
- **Salat:** Frisée
- **Sonstiges:** Gebäck, Sirup, Desserts

Alles vom Feinsten – Rucola, Schalotten, Scampi und Parmaschinken. Doch nicht nur erlesene Zutaten müssen es sein, ganz besonders kommt es auf das kunstvolle Arrangement an. Und das hat an Tagen, in denen der Mond in der Waage steht, absoluten Vorrang. Lassen Sie Ihrer Phantasie beim Anrichten dieses Salates freien Lauf. Heute kann nichts schiefgehen.

Salat Aida

- Zubereitungszeit: ca. 40 Minuten
- Für 4 Portionen
- Dazu paßt ein Glas Soave

● **teuer** ● **gediegen**

2 kleine Köpfe Radicchio, 400 g Rucolasalat (Rauke), 1 Bund Thymian, 2 Schalotten, 1 Knoblauchzehe

6 EL Rotweinessig, 1 TL Senf, 10 EL Olivenöl, 1/4 TL Meersalz, weißer Pfeffer aus der Mühle

2 Tomaten, 1/2 Bund Petersilie

8 frische Scampi, 2 EL Sonnenblumenöl, 2 EL Butter

150 g frische Champignons

8 Scheiben Parmaschinken, ca. 100 g Parmesan am Stück

1. Den Radicchio und den Rucolasalat putzen. Die Blätter waschen, in mundgerechte Stücke zupfen und dabei Strunkansätze und feste Blattrippen entfernen. Den Thymian waschen, trockentupfen, die Blättchen abzupfen und fein hacken. Die Schalotten und den Knoblauch schälen und beides ebenfalls fein hacken.
2. Thymian, Schalotten, Essig und Senf in eine Schüssel geben und verrühren. Das Olivenöl darunterschlagen und die Vinaigrette mit Salz und Pfeffer abschmecken.
3. Die Tomaten einritzen, von den Stielansätzen befreien, in kochendem Wasser überbrühen, abschrecken und enthäuten. Sie dann halbieren, entkernen und in etwa 1 x 1 cm große Stücke schneiden. Die Petersilie waschen, trockentupfen und ohne die festen Stiele fein hacken.
4. Die Scampi abspülen, schälen, am Rücken aufschneiden und den Darm entfernen. Das Fleisch mit Salz und Pfeffer würzen. Das Sonnenblumenöl in einer Pfanne erhitzen und die Scampi etwa 3 Minuten darin von allen Seiten braten. Die Butter, den Knoblauch und die Petersilie dazugeben, alles mischen und warm stellen.
5. Die Champignons putzen, waschen, trockenreiben, die Stiele entfernen und die Köpfe in Scheiben schneiden.
6. Die Blattsalate, die Champignons und die Tomaten mischen und mit der Vinaigrette anmachen. Den Salat auf Teller geben. Die Scampi und den Parmaschinken darauf anrichten und den Parmesan darüberhobeln oder -reiben.
(siehe Foto rechts)

Avocado-Zitrus-Salat

- Zubereitungszeit: ca. 30 Minuten
- Für 4 Portionen
- Dazu paßt getoastetes Weißbrot

● **exotisch** ● **schnell**

2 Avocados, Saft von 1/2 Zitrone

2 große Orangen, 2 rosa Grapefruits

4 Blätter Friséesalat

100 g Crème fraîche, weißer Pfeffer aus der Mühle, etwas Salz, 1 Spritzer Tabasco

1. Die Avocados schälen, halbieren, entkernen, das Fruchtfleisch in dünne Spalten schneiden und sofort mit dem Zitronensaft beträufeln.
2. Orangen und Grapefruits schälen, dabei auch die weiße Innenhaut entfernen. Die Fruchtfilets mit einem scharfen Messer aus den Trennhäutchen herausschneiden.
3. Die Avocadospalten fächerförmig auf Tellern anrichten und um die Spitzen abwechselnd die Orangen- und die Grapefruitspalten legen.
4. Mit je 1 Friséesalatblatt garnieren. Aus Crème fraîche, Pfeffer, Salz und einem Tropfen Tabasco eine Marinade rühren und in einer Glasschale dazu reichen.

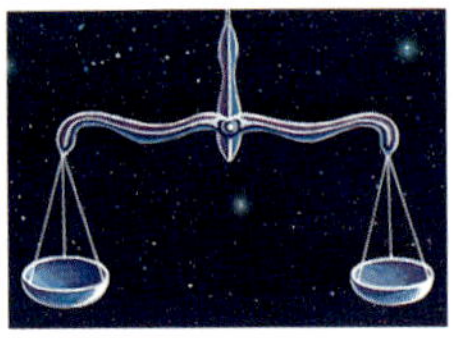

Ein so edler Salat mit ausgefallenen Zutaten paßt zu dieser Mondposition. Und das Ganze ist nur der Auftakt eines Menüs. Servieren Sie im Anschluß daran zum Beispiel das Frikassee mit Rosinen-Safran-Reis und als Dessert den Kirschenmichel. Denn mit Kirschen landen Sie an Waage-Mond-Tagen einen Volltreffer.

Frikassee mit Estragonklößchen

- Zubereitungszeit: ca. $1^{1}/_{2}$ Stunden
- Für 4 Portionen
- Dazu passen Rosinen-Safran-Reis und grüner Salat

● **aufwendig** ● **leicht**

1 Möhre, 1 Stange Porree, 1 Stück Petersilienwurzel, 1 Stück Sellerie, 750 g Kalbfleisch aus der Vorderkeule, etwas Salz, 1 mittelgroßer Blumenkohl (500 g)

$^{1}/_{2}$ Brötchen, 1 EL Butter

125 g Hackfleisch vom Kalb, 8 süße gehackte Mandeln, 2 Eigelb, 1 EL gehackter Estragon

2 EL Butter oder Margarine, 2 EL Weizenmehl, 2 EL Crème fraîche oder saure Sahne, 1 EL Zitronensaft, weißer Pfeffer aus der Mühle, etwas Zucker

1. Das Suppengemüse fein hacken. In einem Topf $^{3}/_{4}$ l Wasser zum Kochen bringen. Das gewaschene Kalbfleisch und das Suppengemüse hineingeben und salzen. Im geschlossenen Topf 50 Minuten garen. Den Blumenkohl putzen, in Röschen zerteilen, zufügen und alles noch einmal 20 Minuten langsam köcheln lassen.
2. Das Brötchen einweichen und ausdrücken. Die Butter in einer Pfanne erhitzen, das Brötchen zerteilen und dazugeben, kurz anrösten, danach abkühlen lassen.
3. Mit dem gehackten Kalbfleisch, den Mandeln, 1 Eigelb, dem Estragon und Salz zu einem geschmeidigen Teig verkneten, daraus dann walnußgroße Klößchen formen.
4. Den gekochten Blumenkohl und das Fleisch aus der Brühe nehmen, warm stellen und die Kalbfleischbrühe durch ein Sieb gießen. Erneut aufkochen, die Klößchen hineingeben, 5 Minuten ziehen lassen und herausnehmen.
5. Für die Sauce die Butter oder Margarine in einer Kasserolle schmelzen lassen, das Mehl mit dem Schneebesen hineinrühren und anschwitzen. Unter ständigem Rühren $^{3}/_{8}$ l Kalbsbrühe dazugeben und aufkochen lassen, ca. 5 Minuten köcheln lassen. Mit Crème fraîche oder saurer Sahne, Zitronensaft, Salz, Pfeffer und Zucker abschmecken. Vom Feuer nehmen, das zweite Eigelb unterrühren und nicht mehr kochen lassen.
6. Das Fleisch in Scheiben oder mundgerechte Stücke teilen. Den Blumenkohl mit den Klößchen auf einer vorgewärmten Platte anrichten. Ein Drittel der Sauce darübergeben und nach Geschmack mit Zitronenschnitzen garnieren. Die restliche Sauce dazureichen.

(siehe Foto rechts)

Feldsalat mit Sharonfrucht

- Zubereitungszeit: ca. 15 Minuten
- Für 4 Portionen
- Dazu paßt Baguette mit Butter

● **fruchtig** ● **ausgefallen**

180 g Feldsalat, 2 Sharonfrüchte

1 kleine rote Zwiebel, 150 g Matjesfilets

7 EL Sonnenblumenöl, 2 EL Weißweinessig, 1 Prise Zucker, etwas Salz, weißer Pfeffer aus der Mühle

1. Den Feldsalat auf Tellern anrichten. Die Sharonfrüchte längs halbieren und den Blütenkelch herausschneiden. Die Fruchthälften jeweils quer in etwa 7 Scheiben schneiden. Einige Scheiben davon in Stücke schneiden.
2. Die Zwiebel halbieren und in dünne Ringe schneiden. Die Matjes zerteilen.
3. Aus Öl, Essig, Zucker, Salz und Pfeffer ein Dressing anrühren.
4. Die Sharonfruchtstücke, die Matjesfilets und die Zwiebeln auf den Salat geben. Mit dem Dressing beträufeln.

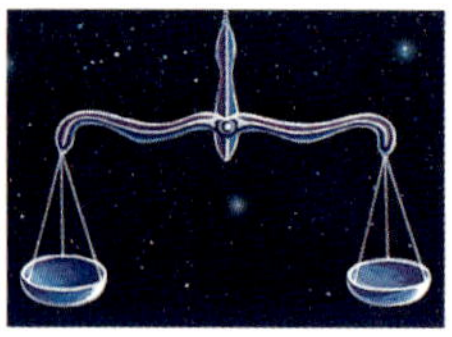

Mit diesem Gericht werden Sie bei Ihren Gästen viel Eindruck machen. Dies ist ganz nach dem Geschmack des Waage-Mondes und Venus, seiner Beiköchin. Sie verbinden hier edle Zutaten zu einem Gericht, das Sie sicher noch öfters kochen werden.

Kalbfleisch-Röllchen auf Spargelgemüse

- Zubereitungszeit: ca. 45 Minuten
- Für 4 Portionen
- Dazu paßt ein Glas Riesling

● **gesund** ● **fein**

750 g Spargel, etwas Salz, 2 EL Butter, 1 Prise Zucker

200 g Buschbohnen, 1 kleine Zwiebel, 150 g Blattspinat

350 g dünne Kalbfleischscheiben aus der Keule, schwarzer Pfeffer aus der Mühle

150 g Sahne, 1 Eigelb

1. Den Spargel schälen, die unteren Enden abschneiden und in 4 bis 5 cm lange Stücke schneiden. Reichlich Salzwasser mit 1 Eßlöffel Butter und Zucker zum Kochen bringen, den Spargel hineingeben und ihn darin 10 Minuten vorgaren.

2. Die Bohnen putzen, klein schneiden, blanchieren, abschrecken und abtropfen lassen. Die Zwiebel schälen und fein schneiden. Den Spinat gründlich waschen, putzen und blanchieren.

3. Das Fleisch würzen, den Spinat und einen Teil des Spargels darauf verteilen. Das Fleisch einrollen und zustecken.

4. Wenig Butter in einem Topf erhitzen, das Fleisch rundherum anbraten, bei geringer Hitze 10 Minuten weitergaren und warm stellen.

5. Die Sahne steifschlagen und mit dem Eigelb verrühren. Das Gemüse mit etwas Butter erhitzen, das Sahne-Eigelb-Gemisch dazugeben, unter Rühren aufwallen lassen und würzen. Das Gemüse mit dem Kalbfleisch anrichten.

Grüne Spaghetti mit Spargel

- Zubereitungszeit: ca. 45 Minuten
- Für 4 Portionen
- Dazu paßt ein grüner Salat mit einer Vinaigrette

● **fein** ● **vegetarisch**

400 g weißer Spargel, etwas Salz, 1 Zwiebel
400 g grüne Spaghetti
2 EL Butter, 100 ml trockener Weißwein
300 ml Crème fraîche, 50 g frisch geriebener Parmesan, schwarzer Pfeffer aus der Mühle

1. Den Spargel mit einem Sparschäler ganz dünn schälen, in 5 cm lange Stücke schneiden und diese in Salzwasser etwa 15 Minuten bißfest kochen. Die Spargelstücke in ein Sieb schütten und abtropfen lassen. Das Kochwasser dabei auffangen und 5 Eßlöffel davon beiseite stellen. Die Zwiebel schälen und in Würfel schneiden.

2. 4 l Salzwasser in einem großen Topf zum Kochen bringen. Die Spaghetti hineingeben und 8 bis 11 Minuten bißfest kochen.

3. Inzwischen die Butter in einer Pfanne zerlassen und die Zwiebelwürfel darin glasig dünsten. Die Spargelstücke dazugeben und 2 bis 3 Minuten unter Wenden braten. Das Spargelwasser und den Wein angießen und alles so lange bei großer Hitze köcheln lassen, bis fast alle Flüssigkeit verdampft ist.

4. Die Crème fraîche unter den Spargel rühren und alles so lange erhitzen, bis die Sauce zu kochen beginnt. Dann die Hälfte des Parmesans hineinrühren. Die Sauce mit Salz und Pfeffer würzen.

5. Die Spaghetti in ein Sieb schütten und gut abtropfen lassen. Danach die Nudeln sofort mit der Spargelsauce mischen, mit dem restlichen Käse bestreuen und Pfeffer darübermahlen.

Wenn der Mond in der Waage steht, wird Fett als Energiequelle bevorzugt. Und dazu paßt dieses Gericht mit Crème fraîche und Butter ganz ausgezeichnet. Doch keine Angst – es ist dennoch fein und gut verträglich. Zudem kommt natürlich die Ästhetik nicht zu kurz. Wie sollte sie auch ... an Waage-Mond-Tagen!

Dieses Rezept verwöhnt die Gaumen an Waage-Mond-Tagen gründlich. Aus einem ganz normalen Kartoffelpüree werden mit etwas Liebe – Venus ist ja Beiköchin – sorgfältig aufgespritzte und überbackene Kartoffelnester. Guten Appetit!

Kartoffelnester

- Zubereitungszeit: ca. 1 Stunde
- Für 2 Portionen
- Paßt gut zu Frikassee
- **zart** • **aufwendig**

400 g mehligkochende Kartoffeln, etwas Salz
50 g weiche Butter, 3 Eigelb, geriebene Muskatnuß
Fett für das Blech

1. Den Backofen auf 225 °C vorheizen. Die Kartoffeln in Salzwasser garen, pellen und heiß durch die Kartoffelpresse drücken.
2. Die heiße Kartoffelmasse mit der Butter und 2 Eigelben verrühren. Mit Salz und Muskatnuß würzen.
3. Das Kartoffelpüree in einen Spritzbeutel mit großer Sterntülle füllen und auf ein mit der restlichen Butter gefettetes Backblech Püreenester spritzen.
4. Das restliche Eigelb mit etwas Wasser glattrühren und die Nester damit bestreichen. Etwa 10 Minuten goldgelb überbacken.

Überbackene Nudelnester

- Zubereitungszeit: ca. 50 Minuten
- Für 4 Portionen
- Dazu paßt ein leichter Rotwein
- **bunt** • **edel**

etwas Salz, 300 g grüne Bandnudeln
1 gegrilltes Hähnchen
1 Bund frisches Basilikum, 200 g milder Edelpilzkäse, 200 g Sahne, 2 Eier, schwarzer Pfeffer aus der Mühle
100 g Kirschtomaten

1. Reichlich Salzwasser in einem Topf aufkochen, die Bandnudeln darin nach Packungsanleitung bißfest kochen. Die Nudeln anschließend in ein Sieb abgießen, kalt abbrausen und gut abtropfen lassen.
2. Inzwischen das Hähnchenfleisch von den Knochen lösen und in mundgerechte Stücke schneiden.
3. Das Basilikum waschen, trockentupfen und fein hacken. Den Edelpilzkäse in einer Schüssel mit einer Gabel gut zerdrücken oder mit dem Pürierstab pürieren, mit dem Basilikum, der Sahne und den Eiern verquirlen, mit Salz und Pfeffer würzen.
4. Den Backofen auf 225 °C vorheizen. Inzwischen die Nudeln in eine große, flache Auflaufform geben und sie mit einer Gabel zu acht Nestern formen. Das Hähnchenfleisch dazwischen und in die Mitte der Nudelnester geben. Die Kirschtomaten waschen und ebenfalls dazugeben. Abschließend die Käsesahne darüberträufeln.
5. Die Nester auf der oberen Einschubleiste in den Ofen stellen und etwa 20 Minuten backen.
(siehe Foto links)

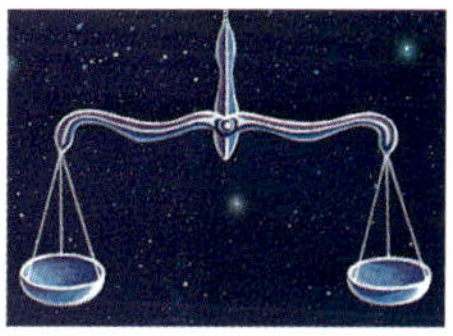

Für dieses Dessert bekommen Sie an Waage-Mond-Tagen sicher viel Applaus. Denn Kirschen gehören zu den Lieblingsobstsorten der Waage. Und wer kann zu dieser süßen Verführung heute schon »nein« sagen.

Kirschenmichel

- Zubereitungszeit: ca. 1 1/2 Stunden
- Für 2 Portionen
- Dazu paßt ein Milchshake
- **aufwendig** • **traditionell**

4 altbackene Brötchen oder 1/2 kleines Stangenweißbrot, 3/8 l Milch, etwas Salz, abgeriebene Schale von 1 unbehandelten Zitrone, 30 g Zucker, 1–2 Eier

500 g Herzkirschen

50 g Butter

1. Die Brötchen in feine Scheiben schneiden und in eine Schüssel geben. Milch, Salz, Zitronenschale, Zucker und Eier verquirlen und etwa die Hälfte über das Brot gießen. Alles 30 Minuten zugedeckt ziehen lassen. Den Backofen auf 200 °C vorheizen.

2. Die Kirschen entsteinen. Eine Auflaufform mit 1 Eßlöffel Butter ausfetten. Die Brotmasse und die Kirschen abwechselnd einschichten. Die letzte Schicht sollte aus Brot bestehen. Die restliche Eiermilch darübergießen. Die restliche Butter als Flöckchen daraufsetzen. 45 Minuten im Ofen backen.

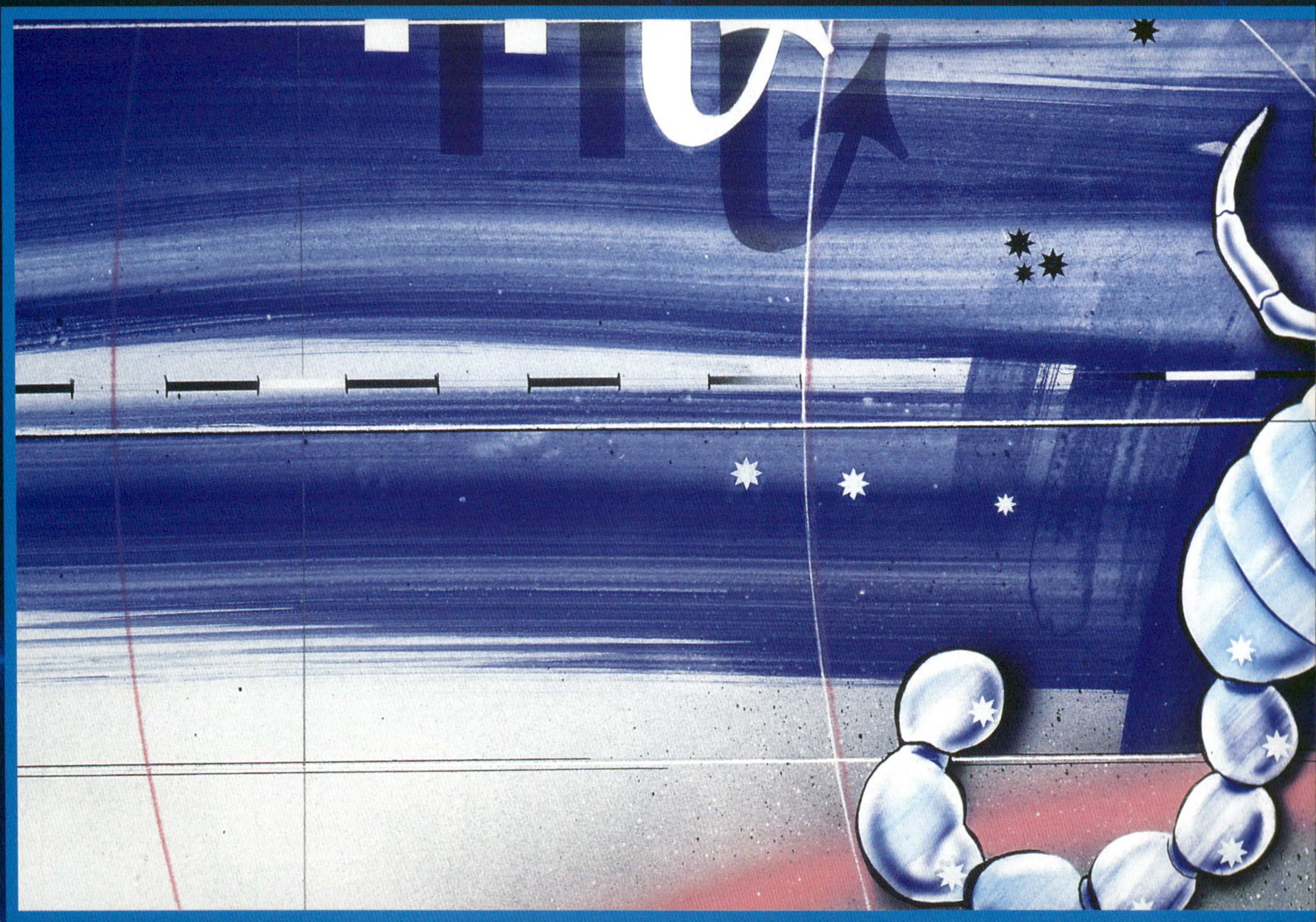

WENN DER MOND IM SKORPION STEHT

Wenn der Mond im Skorpion steht – geht es in der Küche nicht mit rechten Dingen zu

In dieser Mondposition wird Pluto als Beikoch engagiert. Und Pluto schwingt in der Regel keine Kochlöffel, sondern den »Zauberstab«. Der häusliche Herd wird zum »Hexenkessel« und die Atmosphäre in der Küche zusehends magischer. Es ist auf jeden Fall spannend und geheimnisvoll, wenn dieses Kochteam mit Töpfen und Lebensmitteln hantiert. So wird in der Küche auch nicht einfach nur gekocht... Die Zubereitung der Speisen wird zum Ritual, zum Kult erhoben. Entweder – oder! Nach dieser völlig unzweideutigen Devise ist man mit Leib und Seele bei der Sache. Was natürlich nicht immer garantiert, daß die »skorpionöse« Küche köstliche Gaumenfreuden hervorbringt. Es kann durchaus mal etwas danebengehen, und die berühmt-berüchtigte Experimentierfreude des Skorpion-Prinzips die »Schmerzgrenze« der Geschmacksnerven überschreiten.
Fazit: Wenn der Mond im Skorpion steht, wachsen Probierlaune und Forschergeist ins Uferlose. Rezepte werden solange ver- und umgewandelt (und mit Vorliebe »gewürztechnisch« verschärft), bis völlig neue Kompositionen entstehen. Und diese können sich meistens sehen (bzw. essen) lassen. Auch wenn der letzte Schliff manchmal fehlt.
Der Skorpion-Mond hat eine Schwäche für Rustikales, Deftiges und Scharfes. Beim Einkaufen ist man kritisch, aber nicht kleinlich. Und vorhandene Vorräte (auch wenn sie nicht zusammenpassen) werden mit dem »Zauberlöffel« veredelt. Das ist halt Küchen-Magie.

- **Duft-Ecke:** Zypresse – ein harzig, luftiger Duft, der Leichtigkeit gibt und Verbissenheit lösen kann. Patchouli – ein erotisierendes Aroma, das zudem auch psychischen Tiefgang fördern soll.

Kulinarische Charakteristika

- **Beikoch:** Pluto
- **Element:** Wasser
- **Prinzip:** Umwandlung
- **Farbe:** Rot-Schwarz, extreme Mischungen
- **Stimmung:** verinnerlicht, aber kämpferisch
- **Tages-Qualität:** kompromißlos, einsatzfähig, ehrgeizig
- **Energiequelle:** Kohlenhydrate
- **Pflanzenteil:** Blatt
- **Kräuter:** Brunnenkresse, Bockshornklee
- **Gewürze:** Pfeffer, Paprika, Senfkörner
- **Obst:** Feige, Kokosnuß, Traube (blau), Zwetsche
- **Gemüse:** Radieschen, Rettich, Zwiebel, Rote Bete
- **Salat:** Eichblatt
- **Sonstiges:** Meeresfrüchte, Pinienkerne, Nudeln

Rotschwarz – das ist eine in der Küche seltene Kombination, die jedoch gut zur Mondposition des Skorpions paßt. Bei diesem Salat werden ungewöhnliche Zutaten miteinander arrangiert, und das entspricht dem Skorpion-Prinzip total: Rustikale Blutwurst neben grünen Äpfeln und Endiviensalat. Doch keine Sorge – dieses Rezept ist erprobt und für gut befunden worden.

Endiviensalat mit Apfelvinaigrette und gebratener Blutwurst

- Zubereitungszeit: ca. 35 Minuten
- Für 4 Portionen
- Dazu paßt ein Glas Bier
- **deftig** **ausgefallen**

2 grüne Äpfel, 100 ml Kalbsfond (aus dem Glas), 3 EL Traubenkernöl, 1/2 TL Dijonsenf, 1 EL Zitronenessig, 1 TL Honig, etwas Salz, weißer Pfeffer aus der Mühle

1 große Kopf Endiviensalat

4 Schalotten, 80 g Butter

240 g nicht zu fette Blutwurst, etwas Mehl

1. Für die Marinade 1 Apfel waschen, schälen, vierteln und entkernen. In Scheiben schneiden, mit dem Kalbsfond in einen Mixbecher geben und etwa 30 Sekunden kräftig pürieren, die übrigen Zutaten dazugeben und verquirlen.

2. Von dem Salat die Wurzel und die Außenblätter abschneiden, die harten Stiele entfernen. Die Blätter in kleine Stücke zupfen, in kaltem Wasser waschen, trockenschleudern oder in einem Sieb abtropfen lassen.

3. Die Schalotten schälen und in feine Scheiben schneiden, den zweiten Apfel waschen, schälen, den Kern herausstechen, ebenfalls in feine Scheiben schneiden. Beides in der Hälfte der Butter weich dünsten.

4. Die Blutwurst in 2 cm große Stücke schneiden, mit Mehl bestäuben und in der restlichen Butter braun braten.

5. Den Endiviensalat mf der Marinade mischen, auf großen Tellern anrichten. Die Schalotten und die Äpfel daraufsetzen und die Blutwurststückchen dazugeben.

Spaghettini mit Pilzragout

- Zubereitungszeit: ca. 45 Minuten (ohne Quellzeit)
- Für 4 Portionen
- Dazu paßt Endiviensalat

rustikal **pikant**

15 g getrocknete Steinpilze
300 g Austernpilze, 250 g kleine braune Champignons, 100 g Pfifferlinge, 3 Schalotten, 2 Knoblauchzehen
2 EL Olivenöl, 300 ml trockener Weißwein
etwas Salz, 400 g Spaghettini
2 EL in Streifen geschnittene Salbeiblätter, 2 EL gehackte Petersilie, schwarzer Pfeffer aus der Mühle
3 EL frisch geriebener Parmesan

1. Die Steinpilze mit 1/2 l heißem Wasser übergießen und mindestens 1 Stunde quellen lassen. Die Steinpilze danach in einem Sieb abtropfen lassen und das Einweichwasser dabei auffangen. Die Steinpilze kleinschneiden.
2. Die frischen Pilze, wenn nötig, waschen und gut trockentupfen, danach putzen. Die Austernpilze in mundgerechte Stücke schneiden. Die Champignons und die Pfifferlinge ganz lassen. Die Schalotten und den Knoblauch schälen und beides in kleine Würfel schneiden.
3. Das Öl in einer großen Pfanne erhitzen. Zuerst die Schalotten darin glasig dünsten. Dann den Knoblauch dazugeben und alles weitere 1 bis 2 Minuten braten. Nun die Steinpilze mit in die Pfanne geben, das Einweichwasser und den Wein angießen und alles aufkochen lassen. Die Pilzmischung bei mittlerer Hitze 8 bis 10 Minuten köcheln lassen, bis die Flüssigkeit zur Hälfte eingekocht ist.
4. Danach 4 l Salzwasser in einem großen Topf zum Kochen bringen. Die Spaghettini hineingeben und in 6 bis 8 Minuten bißfest kochen.
5. Inzwischen die restlichen Pilze unter die Steinpilze rühren und alles weitere 6 Minuten schmoren lassen. Die Salbeiblätter und die Petersilie dazugeben, alles weitere 2 Minuten schmoren lassen. Die Pilzsauce mit Salz und Pfeffer abschmecken.
6. Die Nudeln in ein Sieb schütten, gut abtropfen lassen, in eine vorgewärmte Schüssel geben und mit der Pilzsauce mischen, zum Schluß das Gericht auf Tellern anrichten und den geriebenen Käse darüberstreuen.

Bei diesem Gericht kommt die Hauptenergiequelle des Skorpions, die Kohlenhydrate, voll zur Geltung.

Sie haben heute Lust auf etwas Kräftiges? Dann ist dieses Gericht genau das richtige für Sie! Kotelett, Kartoffeln und Knoblauch – dies sind Zauberworte an Skorpion-Mond-Tagen, an denen rustikale Genüsse absolut Trumpf sind.

Knoblauchkoteletts

- Zubereitungszeit: ca. 30 Minuten
- Für 2 Portionen
- Dazu paßt Krautsalat

● deftig ● günstig

2 Schweinekoteletts, etwas Salz, frisch gemahlener Pfeffer, 5 EL Öl

125 g Kartoffeln, geschält und in dünnen Stiften

½ feingehackte Zwiebel, 3 zerdrückte Knoblauchzehen, ½ EL Paprika edelsüß, 100 g Crème fraîche, 1 EL feingehackte Petersilie

1. Die Koteletts salzen und pfeffern. In 2 Eßlöffeln Öl von beiden Seiten braten, dann herausnehmen.
2. Die Kartoffeln in 2 Eßlöffeln Öl braten, bis sie gar sind, salzen und warm stellen.
3. Die Zwiebel und den Knoblauch im restlichen Öl rösten, den Paprika mit 150 ml Wasser verrühren, den Bratensatz damit lösen, die Crème fraîche dazugeben und mit der Petersilie bestreuen.

Entrecôte in Senfsauce

- Zubereitungszeit: ca. 25 Minuten
- Für 2 Portionen
- Dazu passen Kartoffelgratin und Brokkoli

● rustikal ● würzig

1 Entrecôte (ca. 400 g), schwarzer Pfeffer aus der Mühle

1 EL Distel- oder Erdnußöl, 3 EL Butter, etwas Salz

50 ml trockener Weißwein, 2 TL Dijonsenf, 1 TL gehackter Estragon, 1 Prise gemahlener Piment, ¼ gehackte Knoblauchzehe

2 EL Sahne, 1 EL Crème double

1. Das Entrecôte abtupfen, die Fettschicht alle 2 cm bis zum Fleisch einschneiden. Das Fleisch reichlich pfeffern.
2. Das Öl und knapp die Hälfte der Butter in einer Pfanne erhitzen. Das Fleisch von beiden Seiten scharf anbraten, dann leicht salzen und pro Seite etwa 5 Minuten bei milder Hitze braten. Herausnehmen und warm stellen.
3. Den Bratensatz mit dem Wein loskochen, die restliche Butter hineingeben und die Sauce unter Rühren aufkochen lassen. Durch ein Sieb in einen Stieltopf gießen. Salz, Senf, Estragon, Piment und Knoblauch hinzufügen, das Ganze erhitzen, aber nicht kochen lassen.
4. Die Sahne und die Crème double nach und nach in die Sauce rühren. Das Fleisch schräg in etwa 1 cm dicke Scheiben schneiden, diese anrichten und mit der Sauce überziehen.
(siehe Foto links)

Biergulasch

- Zubereitungszeit: ca. 1 Stunde
- Für 4 Portionen
- Dazu passen Semmelknödel
- **deftig** • **traditionell**

750 g Schweinefleisch aus der Schulter, 300 g sehr kleine Zwiebeln, je 1 Zweig Oregano, Rosmarin und Petersilie

4 EL Pflanzenfett, etwas Salz, 1/2 TL Kümmelpulver, 1/2 l helles Bier (Pils)

150 g Champignons, 4 EL geriebenes Schwarzbrot, weißer Pfeffer aus der Mühle

1. Das gewaschene, trockengetupfte Fleisch in mundgerechte Würfel schneiden. Die Zwiebeln schälen. Die Kräuterzweige waschen und trockentupfen.

2. Das Fett in einem Bratentopf erhitzen und das Fleisch darin anbraten. Die Zwiebeln dazugeben und andünsten. Alles mit Salz und Kümmel bestreuen, die Kräuterzweige und die Hälfte des Biers dazugeben. Das Gulasch zugedeckt etwa 40 Minuten bei geringer Hitze schmoren lassen.

3. Inzwischen die Champignons putzen und waschen. Größere Pilze halbieren. Die Champignons etwa 10 Minuten vor Ende der Garzeit zusammen mit dem Schwarzbrot und dem restlichen Bier zum Fleisch geben.

4. Wenn das Gulasch gar ist, die Kräuterzweige herausnehmen und das Gulasch mit Salz und Pfeffer abschmecken.

Mit Zwiebeln, Schweinefleisch und Bier kommen Sie in der Küche gut an, wenn der Mond im Skorpion steht. Dieses ungewöhnliche Gulasch entspricht so ganz dem Gemüt des Skorpions: Deftige Zutaten werden mutig miteinander kombiniert. Und mit diesem Rezept besteht keine Gefahr, daß etwas schiefgeht. Die Kohlenhydrate der Semmelknödel sorgen für die nötige Energie – lassen Sie es sich schmecken.

Wenn der Skorpion-Mond mit seiner Probierlaune einmal über die Stränge schlägt, kann dieses Gericht statt pikant auch mal scharf werden. Doch was soll's – wenn der Mond im Skorpion steht, ist Experimentierfreude angesagt.

Okracurry

- Zubereitungszeit: ca. 35 Minuten
- Für 4 Portionen
- Dazu paßt körnig gekochter Reis

● **exotisch** ● **pikant**

750 g Okraschoten, etwas Salz
1 große Zwiebel, 2 grüne Chilischoten,
1 Knoblauchzehe, 40 g Ingwerwurzel
1 EL Sonnenblumenöl, 1/2 TL gemahlener Kurkuma, 1/2 TL gemahlener Koriander, 1/2 TL gemahlener Kreuzkümmel,
375 ml Kokosmilch (Fertigprodukt)

1. Die Okraschoten waschen. Stiele und Spitzen abschneiden. Große Okraschoten in mundgerechte Stücke schneiden. Reichlich Salzwasser in einem Topf erhitzen und die Okraschoten darin etwa 5 Minuten garen.

2. Inzwischen die Zwiebel schälen und in Würfel schneiden. Die Chilischoten waschen, aufschlitzen, die Kerne herauskratzen und die Schoten in Stücke schneiden. Den Knoblauch und den Ingwer schälen. Den Knoblauch sehr fein hacken. Den Ingwer fein reiben.

3. Die Okraschoten in ein Sieb gießen, mir kaltem Wasser abschrecken und sehr gut abtropfen lassen.

4. Das Öl in einem Schmortopf erhitzen. Die Zwiebelwürfel darin glasig dünsten. Knoblauch, Ingwer und Kurkuma darunterrühren und alles etwa 1 Minute weiterdünsten. Die Okraschoten dazugeben und bei mittlerer Hitze etwa 4 Minuten dünsten. Koriander, den Kreuzkümmel und die Kokosmilch hineinrühren. Die Okramischung ohne Deckel etwa 5 Minuten bei mittlerer Hitze garen. Danach mit Salz abschmecken.

Auflauf »Berliner Art«

- Zubereitungszeit: ca. 1 1/4 Stunden
- Für 4 Portionen
- Dazu paßt ein leichter Rotwein
- **heimisch** ● **deftig**

750 g mehligkochende Kartoffeln, etwas Salz
1 Bund Frühlingszwiebeln, 50 g durchwachsener Räucherspeck, 500 g Hühnerleber (oder wahlweise Puten- oder Rinderleber)
60 g Butter, 1–2 EL frische Majoranblättchen, schwarzer Pfeffer aus der Mühle
200 ml Milch, frisch geriebene Muskatnuß
1 säuerlicher, fester Apfel, z. B. Boskoop

1. Die Kartoffeln waschen und mit wenig Salzwasser in einen Topf geben. Die Kartoffeln zugedeckt in 20 bis 30 Minuten gar kochen.
2. Inzwischen die Frühlingszwiebeln waschen, putzen und in feine, schräge Ringe schneiden. Den Speck von Schwarte und Knorpeln befreien und kleinwürfeln. Die Hühnerleber waschen, abtrocknen und in mundgerechte Würfel schneiden.
3. Den Speck und 1 Eßlöffel Butter in eine Pfanne geben, den Speck bei mittlerer Hitze leicht anbraten. Die Hühnerleber kurz mit anbraten, dann den Majoran und die Frühlingszwiebeln (eine gute Handvoll Grün beiseite legen) dazugeben. Alles mit Salz und Pfeffer würzen und die Pfanne anschließend vom Herd nehmen.
4. Den Backofen auf 200 °C vorheizen. Inzwischen die Kartoffeln abgießen, etwas abkühlen lassen, dann pellen und sofort durch die Kartoffelpresse drücken. Die Milch mit 2 Eßlöffeln Butter erwärmen und unter das Püree rühren, das Püree mit Salz und Muskat würzen und mit einem Schneebesen kräftig aufschlagen.
5. Das beiseite gelegte Zwiebelgrün unter das Kartoffelpüree rühren. Die Hälfte des Pürees in eine Auflaufform umfüllen und glattstreichen. Die Lebermischung darauf verteilen, dann das restliche Kartoffelpüree einschichten.
6. Den Apfel waschen und abreiben. Das Kerngehäuse herausstechen und den Apfel in 4 bis 5 Scheiben schneiden. Die restliche Butter in einer Pfanne schmelzen und die Apfelscheiben darin von beiden Seiten ganz kurz anbraten. Die Scheiben dann auf den Auflauf legen und leicht in das Püree drücken.
7. Den Auflauf auf der zweiten Einschubleiste von unten in den Ofen schieben und etwa 10 Minuten backen.

Bei diesem Gericht werden bekannte Zutaten neu kombiniert. Machen Sie sich die Mühe, denn etwas Aufwand lohnt sich.

Bodenständige Zutaten und eine ausgefallene Zubereitung – so lieben es die Geschmäcker, wenn der Mond im Skorpion steht. Schwarzwurzeln, Äpfel und Apfelwein werden hier zu einem außergewöhnlichen Gericht kombiniert. Ihre Probierlust an Skorpion-Mond-Tagen wird mit dieser Kreation garantiert gestillt.

Schwarzwurzeln mit Apfelweinsauce

- Zubereitungszeit: ca. 1 1/2 Stunden
- Für 4 Portionen
- Dazu passen Salzkartoffeln

● günstig ● arbeitsintensiv

800 g Schwarzwurzeln
etwas Salz, Saft von 1 Zitrone
3 säuerliche Äpfel, z. B. Boskoop, 4 Schalotten, 2 EL Butter, 300 ml Apfelwein, 100 g Crème fraîche, etwas frisch geriebene Muskatnuß, schwarzer Pfeffer aus der Mühle
1 Bund glatte Petersilie

1. Die Schwarzwurzeln unter fließend kaltem Wasser abbürsten und dann schälen. Das geht am besten mit einem Sparschäler. Die Schwarzwurzeln nochmals waschen und anschließend in mundgerechte Stücke schneiden.

2. Reichlich Salzwasser mit dem Zitronensaft verrühren und die Schwarzwurzelstücke sofort hineingeben, damit sie nicht braun werden. Alles zugedeckt etwa 20 Minuten bei mittlerer Hitze köcheln lassen.

3. Inzwischen die Äpfel schälen, von den Kerngehäusen befreien und in kleine Würfel schneiden. Die Schalotten schälen und ebenfalls klein würfeln. Die Butter in einem großen Topf zerlassen. Die Schalotten- und die Apfelwürfel darin andünsten. Den Apfelwein zur Apfelmischung geben und alles bei mittlerer Hitze köcheln lassen, bis die Äpfel leicht zerfallen sind. Die Crème fraîche hineinrühren und die Sauce mit Muskat, Salz und Pfeffer abschmecken.

4. Die Schwarzwurzeln in einem Sieb gut abtropfen lassen. Die Stücke danach unter die Apfelweinsauce mischen.

5. Die Petersilie waschen, trockenschütteln, die Blättchen von den Stielen zupfen und auf das Ragout streuen.

Rumpflaumen mit zweierlei Mousse au chocolat

- Zubereitungszeit: ca. 1 Stunde (ohne Saftziehen)
- Zeit zum Durchziehen: mind. 12 Stunden
- Für 10 bis 12 Portionen
- Dazu paßt eine Tasse Espresso
- **zeitaufwendig** ● **sättigend**

2 kg Pflaumen, 300 g Zucker, 150 ml Rum, 1/2 Zimtstange

1/8 l Rotwein

Für die dunkle Mousse: 200 g Bitterkuvertüre, 50 g Vollmilchkuvertüre, 450 g Sahne, 2 Eier (davon 1 Ei getrennt), 2 EL Rum

Für die helle Mousse: 250 g weiße Kuvertüre, 250 g Sahne, 2 Eier (davon 1 Ei getrennt), 1 Blatt weiße Gelatine

2 EL Grand Marnier

Schokoladensplitter, gehackte Nüsse oder Pistazien

1. Die Pflaumen waschen, abtropfen lassen, vierteln und entsteinen. Dann in einen Topf geben und zusammen mit dem Zucker, dem Rum und der Zimtstange 1/2 Stunde Saft ziehen lassen.

2. Anschließend den Rotwein dazugeben und die Pflaumen unter Rühren zum Kochen bringen. Einmal aufkochen lassen, eventuell abschäumen. Den Topf vom Feuer ziehen, mit einem Deckel verschließen, die Pflaumen 12 Stunden oder über Nacht durchziehen lassen.

3. Für die dunkle Mousse die Kuvertüre mit einem Messer kleinschneiden und in einer Metallschüssel im Wasserbad schmelzen lassen. Die Schokolade darf nicht zu heiß werden. Die Sahne steifschlagen und beiseite stellen. Das Eiweiß ebenfalls steifschlagen. Das Ei und das Eigelb in eine Metallschüssel geben und im Wasserbad lauwarm schlagen.

4. Die Kuvertüre zu dem Ei geben und rasch verrühren. Den Rum dazugießen und unterrühren. Dann den Eischnee unterziehen und nach und nach die geschlagene Sahne unterheben. Diese Arbeitsschritte müssen rasch durchgeführt werden, da die Schokolade schnell abkühlt. Die Mousse in eine Schüssel füllen, abdecken und etwa 2 Stunden kühl stellen.

5. Die helle Mousse mit den im Rezept dafür angegebenen Zutaten auf die gleiche Weise zubereiten, mit dem Unterschied, daß der Eimasse auf dem Wasserbad zusätzlich in kaltes Wasser eingeweichte Gelatine beigegeben wird. Dann die Mousse in eine Schüssel füllen, abdecken und etwa 2 Stunden kühl stellen.

6. Von beiden Moussesorten mit einem in heißes Wasser getauchten Löffel Nocken abstechen, diese auf Teller geben und mit den Rumpflaumen anrichten. Das Dessert nach Belieben mit Schokoladensplittern, Nüssen oder Pistazien garnieren.

Dieses Rezept ist etwas aufwendiger – bereiten Sie es am besten für eine größere Personenzahl zu. Die Mühe lohnt sich garantiert. Abgesehen davon, daß der Skorpion-Mond eine Schwäche für Pflaumen hat und auf Kohlenhydrate setzt.

WENN DER MOND IM SCHÜTZEN STEHT

Wenn der Mond im Schützen steht – duftet es nach der großen, weiten Welt

In dieser Mondposition gibt Jupiter als Beikoch seine »Koch-Philosophie« zum Besten. Und die Begeisterung ist schnell entfacht. Darunter kann jedoch die Achtsamkeit leiden, so daß der Küchen-Idealismus gelegentlich etwas gedämpft wird. Doch was soll's? Mit Optimismus und Improvisationstalent bekommt man schließlich doch alles in den Griff. Der Duft der großen, weiten Welt macht sich gerade an Schütze-Mond-Tagen so angenehm in der Küche bemerkbar. Und es ist kein Wunder, daß jetzt die Lust auf ausländische Gerichte (und Rezepturen) auf dem Höhepunkt ist. Schließlich kann man dann auch am häuslichen Herd ferne Länder kennenlernen (zumindest deren Eßkultur) und seinen (lukullischen) Horizont erweitern.

Fazit: Wenn der Mond im Schützen steht, gilt vor allem eine Devise: Es lebe die Freiheit. An diesen Mond-Tagen wird gern improvisiert und auf gutgemeinte Ratschläge verzichtet. Doch leider kann die große »Küchen-Philosophie« an kleinen Details scheitern – und den kulinarischen Höhenflügen stehen versalzene und angebrannte Tatsachen gegenüber...

Der Schütze-Mond liebt Geschmortes, gut Gewürztes und Menüs aus aller Herren Länder. Nullachtfünfzehn-Rezepturen kommen weniger in Frage. Die etwas besondere (und leicht abgehobene) Küche ist an diesen Mond-Tagen Trumpf. Da schaut man natürlich nicht so sehr auf den Preis.

- **Duft-Ecke:** Cajeput – der Duft »der großen, weiten Welt«. Also ideal für Schütze-Mond-Tage – und die Horizonterweiterung.

Cistrose – damit alles schön auf dem Teppich bleibt... Dieser Duft wirkt wärmend, entspannend und sensibilisierend.

Kulinarische Charakteristika

- **Beikoch:** Jupiter
- **Element:** Feuer
- **Prinzip:** Wachstum
- **Farbe:** Dunkelrot, Lila
- **Stimmung:** enthusiastisch, erwartungsvoll, heiter
- **Tagesqualität:** idealistisch, gerecht, gütig
- **Energiequelle:** Eiweiß
- **Pflanzenteil:** Frucht
- **Kräuter:** Muskatnuß, Löwenzahn, Thymian
- **Gewürze:** Anis, Koriandersamen, Tamarinde
- **Obst:** Passionsfrucht, Ananas, Pflaume
- **Gemüse:** Aubergine, Steinpilz, Avocado, Rotkohl
- **Salat:** Chicorée
- **Sonstiges:** Dinkel, Tofu, Oliven

Bei dieser ungewöhnlichen Kombination kommt der Schütze-Mond voll zur Geltung. Avocado und Lachs sind edle Eiweißquellen, und zusammen mit den anderen Zutaten wird aus ihnen eine exotische Spezialität, die ganz zu dieser Mondposition paßt.

Avocado-Buttermilch-Suppe mit Lachstalern

- Zubereitungszeit: ca. 30 Minuten
- Für 4 Portionen
- Dazu paßt Baguette

● **frisch** ● **edel**

2 Avocados, Saft von 1 Zitrone, 150 ml Geflügelfond (aus dem Glas), 300 ml Buttermilch, etwas Salz, einige Tropfen Tabasco

250 g Lachsfilet ohne Haut, 2 Cornichons, 1 TL Kapern, 1 Schalotte, weißer Pfeffer aus der Mühle, 1 kleines Eigelb

1 EL Butter, 1 Handvoll gehackte frische Kräuter

1. Die Avocados halbieren, die Steine herauslösen und das Fruchtfleisch mit Hilfe eines Eßlöffels aus der Schale heben. Das Fruchtfleisch mit dem Zitronensaft beträufeln (dabei 1/2 Teelöffel Zitronensaft zurückbehalten) und in Stücke schneiden.

2. Den Geflügelfond zusammen mit den Avocadostücken in einen Mixer geben. Das Ganze pürieren, anschließend in eine Schüssel geben und die Buttermilch mit einem Schneebesen hineinrühren. Die Suppe mit Salz und Tabasco würzen und kalt stellen.

3. Den Lachs in kleine Würfel schneiden und mit einem großen, schweren Küchenmesser fein hacken. Den Fisch in eine Schüssel geben. Die Cornichons in feine Würfel schneiden. Die Kapern fein hacken. Die Schalotte schälen und fein würfeln. Alles zum Lachs geben und mit Salz, Pfeffer und dem restlichen Zitronensaft würzen. Zum Schluß das Eigelb daruntermengen und aus der Masse vier gleichgroße Taler formen.

4. Die Butter in einer Pfanne aufschäumen lassen und die Lachstaler darin von beiden Seiten kurz anbraten. Die Avocadosuppe in vier Teller verteilen. In jeden Teller einen Lachstaler legen und die Suppe mit den gewaschenen und kleingeschnittenen Kräutern garnieren.

Bananen im grünen Rock

- Zubereitungszeit: ca. 20 Minuten
- Für 2 Portionen
- Dazu paßt Preiselbeersauce

● **günstig** ● **ausgefallen**

2 kleine Bananen, 2 EL Zitronensaft, 8 schöne Salatblätter

1 EL Mehl, 2–3 Eigelb, 2–3 EL Kokosraspel

Pflanzenfett zum Fritieren

1. Die Bananen schälen, jeweils in vier Teile schneiden und mit Zitronensaft beträufeln. Von den Salatblättern den harten Mittelstengel entfernen. Jedes Bananenstück sorgfältig in ein Salatblatt wickeln und das Blatt mit einem hölzernen Zahnstocher feststecken.

2. Das Mehl in einen tiefen Teller geben, die Eigelbe verquirlen und die Kokosraspel ebenfalls in einen tiefen Teller geben. Die Bananenstücke zuerst im Mehl wenden, dann in die Eigelbe tauchen und in den Kokosraspeln wälzen.

3. Das Pflanzenfett kräftig erhitzen und die Bananenstücke darin 1 bis 2 Minuten ausbacken. Mit einem Schaumlöffel herausnehmen und auf Küchenpapier abtropfen lassen.

Gemischter Vorspeisenteller

- Zubereitungszeit: ca. 45 Minuten
- Für 2 Personen
- Dazu paßt Weißbrot
- **pikant** • **italienisch**

6 Scheiben Mailänder Salami, 2 Scheiben Parmaschinken, 6 Scheiben Coppa-Schinken, 500 g Mozzarella, 9 schwarze und 6 grüne Oliven, 2 Pfefferschoten aus dem Glas, 2 halbe Artischockenherzen, 25 g Gorgonzola

80 g Basilikum, Thymian und Salbei, 1 Knoblauchzehe, 25 g geriebener Pecorino, 65 g Olivenöl, etwas Salz, frisch gemahlener Pfeffer

1. Salami, beide Schinkensorten und Mozzarella auf zwei Teller verteilen. Von den schwarzen Oliven 3 beiseite legen. Übrige Oliven, Pfefferschoten, Artischockenhälften und Gorgonzola gleichmäßig auf den Tellern anordnen.

2. Für den Pesto die Kräuter fein hacken. Die Knoblauchzehe schälen und hacken. Die restlichen Oliven entsteinen und ebenfalls fein hacken. Alle Zutaten mit dem geriebenen Käse und dem Olivenöl gut verrühren und mit Salz und Pfeffer abschmecken.
In die Mitte von jedem Teller einen Klecks Pesto geben.

Hier werden Erinnerungen an den Urlaub wach. Und die liegen an Schütze-Mond-Tagen in der Luft. Lassen Sie sich von diesem italienischen Gericht kulinarisch verzaubern, und träumen Sie vom Süden.

Seeteufelmedaillons auf Auberginen und Kokosnußsauce

- Zubereitungszeit: ca. 1 Stunde
- Für 4 Portionen
- Dazu paßt Kräuterreis oder Weißbrot
- **exotisch** ● **pikant**

1 Aubergine (ca. 500 g), etwas Salz, 600 g Seeteufelfilet, Saft von 1 Zitrone, 1/2 TL Kurkuma
140 ml Öl, 1 Knoblauchzehe, 2 Schalotten,
1 EL Butter, 1 Msp. Chilipulver, 1/4 l Kokosmilch (Fertigprodukt), 1 EL gehackte glatte Petersilie
weißer Pfeffer aus der Mühle, 1 EL Mehl

1. Die Aubergine mit heißem Wasser waschen und abtrocknen. In 5 mm dicke Scheiben schneiden und diese mit Salz bestreuen. Die Scheiben 20 Minuten ziehen lassen. Das Seeteufelfilet waschen, trockentupfen und in etwa 40 g schwere Medaillons schneiden. Diese mit dem Zitronensaft beträufeln.
2. Die Auberginenscheiben auf ein Tuch legen und trockentupfen. Anschließend mit dem Kurkuma bestreuen und diesen gleichmäßig verreiben.
3. 100 ml Öl in einer großen Pfanne erhitzen und die Auberginenscheiben darin von beiden Seiten anbraten (evtl. die Scheiben portionsweise braten). Sie sollten nicht braun werden. Die Scheiben anschließend auf Küchenpapier abtropfen lassen.
4. Den Knoblauch und die Schalotten schälen und fein schneiden. Die Butter in einer tiefen Pfanne erhitzen und den Knoblauch und die Schalotten darin goldgelb anschwitzen. Dann mit dem Chilipulver bestreuen und die Kokosmilch dazugießen. Die Auberginenscheiben in die Sauce geben und bei kleiner Hitze gar köcheln, bis die Sauce eingedickt ist. Die Petersilie in die Sauce streuen und die Pfanne beiseite stellen.
5. Die Seeteufelmedaillons mit Salz und Pfeffer würzen, in dem Mehl wenden und in den restlichen 4 Eßlöffeln Öl auf beiden Seiten 2 bis 3 Minuten goldbraun braten.
6. Die Auberginen mit der Sauce anrichten und die Seeteufelmedaillons vorsichtig darauf legen.

Mit diesem Gericht werden Sie Ihre Lust auf exotische Gerichte sicher stillen. Auberginen, die optimal zur Mondposition des Schützen passen, und Fisch werden hier mit Kokosnuß kombiniert. Lassen Sie sich von dieser Kreation in unbekannte Geschmackswelten entführen.

Indisches Fischgericht mit Bananen

- Zubereitungszeit: ca. 20 Minuten
- Für 2 Personen
- Dazu paßt Reis

● exotisch ● fruchtig

400 g Seeteufel- oder Schellfischfilets, etwas Salz, Saft von 1/2 Zitrone
2 Bananen, 2 EL Crème fraîche, 1 TL zerstoßene Korianderkörner, 2 Msp. Safranpulver, 1 TL feingehackte Zitronenmelisse, weißer Pfeffer aus der Mühle, Currypulver
1 TL Butter, 120 g Krabben (aus der Dose), 4 EL trockener Weißwein
2 EL gebräunte Mandelblättchen, 4 EL Sahne

1. Die Fischfilets abspülen, trockentupfen, salzen und mit 1 Eßlöffel Zitronensaft beträufeln.
2. Die Bananen schälen, kleinschneiden und pürieren. Das Bananenpüree mit der Crème fraîche verrühren. Koriander, Safran und Zitronenmelisse dazugeben und mit restlichem Zitronensaft, Salz, Pfeffer und Currypulver abschmecken.
3. Die Butter erhitzen und die Fischfilets darin auf jeder Seite etwa 1/2 Minute braten. Die Hitze reduzieren, die Filets mit dem Bananenpüree bestreichen, Krabben und Wein hinzufügen und das Ganze zugedeckt 4 bis 6 Minuten garen.
4. Die Fischfilets herausnehmen, auf vorgewärmten Tellern anrichten und mit den Mandelblättchen bestreuen. Die Sahne zu den Krabben geben, die Mischung erhitzen und zusammen mit dem Fisch servieren.

Rotkohlpuffer mit Walnuß-Quitten-Sauce

- Zubereitungszeit: ca. 1 1/4 Stunden
- Für 4 Portionen
- Dazu paßt Reis

● ausgefallen ● violett

1 kleiner Rotkohl (ca. 800 g), etwas Salz
700 g Kartoffeln, 1 große Zwiebel
60 g Mehl, 3 Eier, etwas gemahlene Nelken
60 g Butter, 100 g feingehackte Walnußkernhälften, 50 g Quittengelee, 1 EL Balsamessig, 1/8 l Madeira, 1/4 l Geflügelfond (aus dem Glas), 1/8 l trockener Rotwein
Öl zum Braten

1. Den Strunk vom Kohlkopf abschneiden und beschädigte Außenblätter entfernen. Den Kohlkopf erst halbieren, dann vierteln und die Strünke keilförmig herausschneiden und wegwerfen. Den Kohl in feine Streifen schneiden und diese in kochendem Salzwasser ca. 5 Minuten blanchieren. Die Streifen danach eiskalt abschrecken und gründlich abtropfen lassen.
2. Die Kartoffeln schälen, grob raspeln und danach in einem Tuch sehr gut ausdrücken. Die Zwiebel schälen und fein würfeln.
3. Kohlstreifen, Kartoffeln und Zwiebel in eine Schüssel geben. Alles mit dem Mehl und den Eiern mischen und mit Salz und gemahlenen Nelken abschmecken.
4. Die Butter in einem Topf zerlassen. Die feingehackten Nüsse darin leicht anrösten. Das Quittengelee dazugeben. Dann alles leicht karamelisieren lassen. Die Nußmischung mit Essig, Madeira und Geflügelfond ablöschen und aufkochen lassen. Den Rotwein hineinrühren und alles kurz erhitzen.
5. Reichlich Öl in einer Pfanne erhitzen. Jeweils pro Puffer 3 Eßlöffel Teig hineingeben und die Puffer bei großer Hitze knusprig braten. Sie dann auf Küchenpapier abtropfen lassen und warm stellen. Die Sauce zusammen mit den Puffern servieren.

Wenn der Mond im Schützen steht, kann es gar nicht »üppig« genug sein. Jupiter als Beikoch steuert genug Temperament bei, so daß in dieser Mondposition alles möglich ist. Lassen Sie sich von diesen beiden Rezepten verführen. Die Reise findet in Ihrer Küche statt, welches Ziel Sie heute ansteuern, bleibt Ihrer Abenteuerlust überlassen.

Dieses Gericht ist so ganz nach dem Geschmack des Schütze-Mondes: Oliven und Lammfleisch, pikant gewürzt und mit einer kräftigen Sauce serviert.

Gebratene Lammkoteletts mit Sauce

- Zubereitungszeit: ca. 45 Minuten
- Für 4 Portionen
- Dazu paßt Polenta
- **pikant** ● **spanisch**

1 kg Lamm- oder Hammelkoteletts, etwas Salz
250 g Tomaten, 1 große Zwiebel
1/8 Olivenöl
1 Msp. scharfes Paprikapulver, 1 Lorbeerblatt, 1 Msp. Rosmarin, 1/4 l spanischer Weißwein, schwarzer Pfeffer aus der Mühle
250 g kernlose grüne Oliven

1. Die Koteletts auf beiden Seiten mit etwas Salz würzen.

2. Die Tomaten mit kochendem Wasser überbrühen, abschrecken und enthäuten. Sie halbieren, entkernen und das Fruchtfleisch in kleine Stücke schneiden. Die Zwiebel schälen und fein würfeln.

3. Das Öl erhitzen, die Koteletts dann von beiden Seiten kurz braun braten, herausnehmen und warm stellen.

4. Die Zwiebel im Bratfond anbraten. Die Tomaten hinzufügen und alles etwa 10 Minuten kochen lassen. Mit dem Paprikapulver, dem Lorbeerblatt und dem Rosmarin würzen. Den Wein angießen und die Sauce mit Salz und Pfeffer abschmecken.

5. Die Oliven fein schneiden und in die Sauce geben. Die Koteletts in die Sauce legen und alles so lange kochen, bis die Sauce dicklich geworden ist.

Gratinierte Beeren

- Zubereitungszeit: ca. 30 Minuten
- Für 4 Portionen
- Dazu paßt Vanilleeis
- **schnell** **leicht**

weiche Butter für die Form, 300 g gemischte Beeren (frisch oder tiefgekühlt)

2 Eier (getrennt), 1 Päckchen Vanillezucker, 2 EL Zucker, 2 EL gemahlene Mandeln, 250 g Speisequark (20% Fett i.Tr.), abgeriebene Schale und Saft von 1 unbehandelten Zitrone

Puderzucker zum Bestreuen

1. Den Backofen auf 225 °C vorheizen. Eine längliche Gratinform mit Butter ausfetten.

2. Die frischen Beeren waschen, verlesen, putzen und gut abtropfen lassen. Tiefgekühlte Früchte auf einem großen Teller antauen lassen.

3. Die Eiweiße zu steifem Schnee schlagen, dabei den Vanillezucker hineinrieseln lassen. Die Eigelbe zusammen mit Zucker, Mandeln, Quark, Zitronenschale und Zitronensaft glattrühren. Den Eischnee vorsichtig nach und nach darunterheben. Die Quarkcreme in die gefettete, vorbereitete Gratinform füllen und glattstreichen. Die Früchte darauf verteilen.

4. Die Form auf der mittleren Einschubleiste in den Backofen stellen und das Gratin ungefähr 20 Minuten backen. Vor dem Servieren das Gratin mit Puderzucker bestreuen.

Schnell und wirkungsvoll soll es sein ... dann liegen Sie mit diesem Gericht an Schütze-Mond-Tagen genau richtig. Und das beste ist: Es läßt Ihrem Improvisationstalent an diesen Tagen alle Freiheit. Tauschen Sie die Beeren gegen exotisches Obst Ihrer Wahl aus – so wird Ihr Gratin noch individueller.

WENN DER MOND IM STEINBOCK STEHT

Wenn der Mond im Steinbock steht – ist Schmalhans Küchenmeister

In dieser Mondposition macht Saturn als Beikoch dem Küchenchef das Leben ein bißchen schwerer. Denn das enthaltsame bis karge Steinbock-Prinzip beschränkt sich in der Regel nur auf die dringendsten Notwendigkeiten und freut sich, wenn es aus (fast) nichts etwas (Eßbares) gemacht hat. So ist diese Mondposition geradezu eine Herausforderung an die Kochkunst schlechthin. Denn wer es schafft, aus übrig gebliebenen Gänseknochen (unter Beimengung einiger spärlicher Zutaten, die gerade griffbereit sind) eine Pastete zu bereiten, der ist ein wahrer Könner. Andernfalls könnte (spitz formuliert) hier und dort ein knurrender Magen zurückbleiben, wenn Saturn das Küchenzepter in der Hand hält. Zumindest aber bleiben erwartungsfrohe und verwöhnte Geschmacksnerven auf der Strecke.

Fazit: Wenn der Mond im Steinbock steht, geht es spartanisch in der Küche zu. Nahrungsaufnahme muß zwar sein, doch ein Kult wird daraus nicht gemacht. Vor allen Dingen darf beim Steinbock-Prinzip »nichts umkommen«. Und so lassen sich an diesen Mond-Tagen restliche Lebensmittel aus Kühlschrank und Speisekammer ausgezeichnet verarbeiten.

Der Steinbock-Mond kocht mit Vorliebe schlicht, heimisch und wirkungsvoll, das heißt sättigend. Und natürlich preisbewußt. Mit einigen handfesten Zutaten ist dann auch rasch ein kräftiges Gericht zubereitet: am liebsten Eintopf, Sülze oder sonstige »Reste-Verwerter«...

- **Duft-Ecke:** Ylang-Yling – Dieses Aroma lockert emotionale Blockaden, öffnet also »verschlossene Herzen«...

Eichenmoos – ein Duft, der die Schwere und die Beständigkeit des Erdelementes besonders betont.

Kulinarische Charakteristika

- **Beikoch:** Saturn
- **Element:** Erde
- **Prinzip:** Stabilität
- **Farbe:** Anthrazit, Dunkelblau
- **Stimmung:** ernst, konzentriert, reserviert
- **Tagesqualität:** ehrgeizig, zielorientiert, ausdauernd
- **Energiequelle:** Mineralien
- **Pflanzenteil:** Wurzel
- **Kräuter:** Johannisbeerkraut, Bohnenkraut
- **Gewürze:** Wacholder, Selleriesamen, Lorbeer
- **Obst:** Apfel, Banane, Preiselbeere
- **Gemüse:** Grünkohl, Kartoffel, Schwarzwurzel
- **Salat:** Endiviensalat
- **Sonstiges:** Nüsse, Sauerampfer

Der Steinbock-Mond macht Lust auf Einfaches, nicht zu Teures. Dieses Rezept bietet Ihnen dafür genau das Richtige. Günstige Zutaten werden auf ungewohnte Weise zubereitet, und so entsteht ein zu dieser Mondposition optimal passender Salat.

Rapunzelsalat mit heißen Schalotten und gebratenem Tiroler Speck

- Zubereitungszeit: ca. 35 Minuten
- Für 4 Portionen
- Dazu paßt ein leichter Rotwein

● modern ● günstig

2 EL Traubenkernöl, 3 EL Walnußöl, 1 EL Balsamessig, 115 ml Malzbier, etwas Salz, weißer Pfeffer aus der Mühle, 20 g Walnußkerne

400 g Rapunzel (kleiner Feldsalat)

125 g Schalotten, 100 g Tiroler Speck

2 EL Distelöl, 10 g Zucker, 1 TL Balsamessig

1. Das Traubenkernöl mit dem Walnußöl, dem Balsamessig und 1 Eßlöffel Malzbier in einer Porzellan- oder Metallschüssel gut verrühren, mit Salz und Pfeffer würzen. Die Walnußkerne hacken und dazugeben.

2. Den Rapunzel verlesen, die Röschen einzeln unter fließendem Wasser waschen, anschließend 10 Minuten in kaltes Wasser legen. Die Röschen trockenschleudern oder in einem Sieb abtropfen lassen.

3. Die Schalotten schälen und fein hacken. Den Speck mit einem scharfen Messer in hauchdünne Scheiben schneiden.

4. Das Distelöl erhitzen, die Schalotten darin goldbraun braten. Den Zucker dazugeben und schmelzen lassen. Das restliche Malzbier und den Essig dazugeben und das Ganze auf ein Fünftel einkochen lassen. Erst dann pfeffern und salzen. Den Speck in einer zweiten Pfanne goldbraun ausbraten und bereitstellen.

5. Den Rapunzel in die Marinade geben und vorsichtig unterheben.

6. Die Schalotten auf vier Tellern in der Mitte verteilen, den Rapunzel darübergeben und den heißen Speck darauf anordnen.

Kressesuppe

- Zubereitungszeit: ca. 40 Minuten
- Für 4 Portionen
- Dazu paßt Weißbrot

● einfach ● deftig

1 kg Kartoffeln, 2 Kästchen Kresse, etwas Salz
125 g Sahne, weißer Pfeffer aus der Mühle

1. Die Kartoffeln schälen und in kleine Stücke schneiden. Die Kresse waschen und kleinschneiden.
2. Die Kartoffeln und die Kresse in etwa 1 l Wasser geben, alles etwas salzen und etwa 30 Minuten kochen.
3. Die Suppe in einem Mixer pürieren. Die Sahne darunterrühren und die Suppe nochmals aufkochen. Die Suppe mit Pfeffer abschmecken.
(siehe Foto rechts)

Heiße Apfelsuppe

- Zubereitungszeit: ca. 35 Minuten
- Für 4 Portionen
- Dazu paßt ein Glas Bier

● fruchtig ● leicht

60 g Rundkornreis, etwas Salz
250 g säuerliche Äpfel, 1 l Rinder- oder Geflügelfond (aus dem Glas)
1 Msp. Ingwerpulver, weißer Pfeffer aus der Mühle
2 EL Apfelschnaps (Calvados)

1. Den Reis waschen und in reichlich Salzwasser bei mäßiger Hitze in 15 bis 20 Minuten bißfest garen. Abgießen und mit kaltem Wasser abschrecken.
2. In der Zwischenzeit die Äpfel schälen, vierteln und die Kerngehäuse herausschneiden. Das Fruchtfleisch in Scheiben schneiden. Die Äpfel in einen Topf geben und den Rinder- oder Geflügelfond hinzufügen. Alles zusammen langsam zum Kochen bringen und etwa 15 Minuten bei kleiner Hitze leise köcheln lassen, bis die Äpfel zerfallen sind.
3. Die Masse durch ein Sieb streichen und mit Ingwerpulver und Pfeffer abschmecken.
4. Die Suppe erneut erhitzen, den Apfelschnaps dazugeben und alles noch einige Minuten leicht köcheln lassen. Zum Schluß den Reis in die Suppe geben.

Wer sagt, daß einfache Zutaten nur langweilige Gerichte ergeben, wird hier vom Gegenteil überzeugt. Äpfel gehören zum bevorzugten Obst an Steinbock-Mond-Tagen.

Kümmelkartoffeln

- Zubereitungszeit: ca. 45 Minuten
- Für 4 Portionen
- Paßt zu deftigen Gerichten mit Schweine- oder Rindfleisch oder zu Kräuterquark

● schnell ● gesund

1 kg kleine, neue Kartoffeln
3 EL Distelöl, 2 TL Kümmel, schwarzer Pfeffer aus der Mühle, etwas Salz

1. Den Backofen auf 200 °C vorheizen. Die Kartoffeln gründlich waschen, dann gut abtrocknen und der Länge nach halbieren.
2. Ein Backblech mit etwas Öl einstreichen und mit Kümmel, Pfeffer und Salz bestreuen. Die Kartoffeln mit der Schnittfläche nach unten darauflegen.
3. Dann die Kartoffeln mit dem restlichen Öl bestreichen. Anschließend noch mit etwas Salz bestreuen und bei 200 °C etwa 30 Minuten goldgelb backen.

Bekannte und preiswerte Zutaten so zubereiten, daß sie Eindruck machen. Das ist ganz nach dem Geschmack des Steinbock-Mondes. An diesen Tagen darf es in der Küche ruhig etwas spartanischer zugehen. Doch kulinarisch bedeutet das keinerlei Verluste.

Eintöpfe wie dieses Irish Stew gehören zu den absoluten Lieblingsgerichten an Steinbock-Mond-Tagen. Am besten bestehen sie noch aus Kohl, Kartoffeln und Wurzelgemüse – dann ist der Erfolg garantiert.

Irish Stew

- Zubereitungszeit: ca. 2½ Stunden
- Für 4 Portionen
- Dazu paßt würziges Roggenmischbrot
- **rustikal** ● **aufwendig**

500 g Lammfleisch vom Nacken ohne Knochen, 500 g Kartoffeln, 2 Zwiebeln, 250 g Möhren, 300 g Weißkohl, 1 große Knoblauchzehe
1 TL Kümmel, etwas Salz
schwarzer Pfeffer aus der Mühle

1. Das gewaschene und trockengetupfte Fleisch in mundgerechte Würfel schneiden. Die Kartoffeln und die Zwiebeln schälen; die Möhren putzen und schälen. Alles in große Würfel schneiden. Den Kohl putzen, waschen und in Streifen schneiden. Die Knoblauchzehe schälen und fein hacken.
2. In einen großen Topf zuerst das Fleisch, dann alle anderen Zutaten schichtweise hineingeben. So viel heißes Wasser angießen, daß die Zutaten knapp bedeckt sind. Den Kümmel und etwas Salz darüberstreuen.
3. Das Ganze ohne umzurühren zum Kochen bringen, dann zugedeckt etwa 2 Stunden bei geringer Hitze köcheln lassen.
4. Das Irish Stew zuletzt mit Salz und Pfeffer pikant abschmecken.

Heimisch und anspruchsvoll – das ist hier die Devise. Und damit treffen Sie an Steinbock-Mond-Tagen genau ins Schwarze. Verwandeln Sie mit diesem Rezept günstige Zutaten in ein ausgefallenes Gericht. Sie werden überrascht sein.

Kohlrabi mit Tomatenfüllung

- Zubereitungszeit: ca. 1 1/2 Stunden
- Für 4 Portionen
- Dazu passen Salzkartoffeln
- **ausgefallen** ● **frisch**

4 mittelgroße Kohlrabi, etwas Salz
250 g reife Tomaten, 100 g Zwiebeln, 1 Bund Petersilie
1 EL Öl, 1 EL Semmelbrösel, schwarzer Pfeffer aus der Mühle
1 EL Öl für die Form
1 TL Mehl, 1/4 l Geflügelfond (aus dem Glas), 100 g Crème fraîche, Saft von 1/2 Zitrone
1 Bund Schnittlauch

1. Den Wurzelansatz der Kohlrabi abschneiden. Die Blätter abbrechen, zarte Blätter aufbewahren. Anschließend die Kohlrabi schälen, waschen und in kochendem Salzwasser 10 bis 15 Minuten zugedeckt garen.
2. Inzwischen die Tomaten kreuzweise einritzen, überbrühen, abschrecken, enthäuten, vierteln, entkernen und die Stengelansätze entfernen. Die Tomaten in kleine Würfel schneiden. Die Zwiebeln schälen und fein hacken. Die Petersilie abspülen, trockenschütteln und ebenfalls fein hacken.
3. Die Kohlrabi aus dem Salzwasser nehmen. Von jeder Knolle einen Deckel abschneiden, und die Knollen innen mit einem scharfkantigen Löffel aushöhlen. Den Deckel zusammen mit dem ausgehöhlten Fruchtfleisch kleinschneiden. Den Backofen auf 200 °C vorheizen.
4. 1 Eßlöffel Öl in einem Topf erhitzen. Die Zwiebelwürfel darin glasig dünsten. Petersilie und Tomatenwürfel dazugeben und kurz andünsten. Die Semmelbrösel und das kleingeschnittene Kohlrabifruchtfleisch darunterrühren. Alles mit Salz und schwarzem Pfeffer pikant abschmecken.
5. Zwei Drittel der Füllung in die Kohlrabi geben. Eine feuerfeste Form mit dem Öl auspinseln. Die Kohlrabi hineinstellen und im heißen Backofen 15 bis 20 Minuten auf der mittleren Schiene garen.
6. Inzwischen die restliche Füllung mit dem Mehl, dem Geflügelfond und der Crème fraîche in einen Topf geben und aufkochen lassen. Alles mit Salz, Pfeffer und dem Zitronensaft würzen und mit dem Pürierstab pürieren.
7. Den Schnittlauch abspülen, trockenschütteln und in Röllchen schneiden. Diese über die Sauce streuen und die Sauce zu den Kohlrabi reichen. Abschließend die gefüllten Kohlrabi mit dem feingehackten Kohlrabigrün bestreuen.
(siehe Foto rechts)

Grünkohl mit Pinkel

- Zubereitungszeit: ca. 1 1/4 Stunden
- Für 4 Portionen
- Dazu paßt ein Glas Bier
- **deftig** ● **günstig**

1 kg Grünkohl ohne Strunk und Rippen, etwas Salz, 3 Zwiebeln, 4–5 Nelken, 250 g Kartoffeln
50 g Schweineschmalz
1/2 l Fleischbrühe, 1 Prise Zucker, schwarzer Pfeffer aus der Mühle
300 g geräucherter durchwachsener Speck, 500 g Pinkel (Grützwurst)

1. Den Grünkohl in Salzwasser etwa 10 Minuten kochen, dann abgießen, abtropfen lassen und grob hacken. 2 Zwiebeln fein hacken. Die restliche Zwiebel mit den Nelken spicken. Die Kartoffeln schälen und würfeln.
2. Das Schmalz erhitzen und die Zwiebeln darin glasig dünsten. Den Grünkohl, die Hälfte der Brühe und die gespickte Zwiebel dazugeben. Alles im geschlossenen Topf 15 Minuten garen. Dann den Speck, den Pinkel und die Kartoffeln 25 Minuten mitgaren. Den Eintopf mit Salz und Pfeffer abschmecken.

Einfache Zutaten werden mit diesem Rezept zu einer Delikatesse verwandelt. Lassen Sie es sich schmecken.

Gefüllte Topfenknödel

- Zubereitungszeit: ca. 1 Stunde
- Für 2 Portionen
- Dazu paßt Milchkaffee

● **aufwendig** ● **günstig**

25 g Butter, 2 Eier, 200 g Sahnequark, 140 g geriebener Vollkornzwieback, 1–2 EL Vollkornmehl, etwas Salz

200 g Pflaumen, Honig zum Bestreichen

2 EL zerlassene Butter, 1 EL Zucker

100 g Schmand

1. Die Butter schaumig schlagen, die Eier nach und nach darunterschlagen und unter den Sahnequark ziehen. Von den Zwiebackbröseln etwa 2 Eßlöffel zurückbehalten. Die übrigen Brösel, das Vollkornmehl und das Salz zu der Butter-Eier-Mischung geben. Alles zu einem glatten Teig verarbeiten.
2. Die Pflaumen entsteinen. Je eine Pflaume mit etwas Honig bestreichen und mit dem Quark portionsweise zu Knödeln formen.
3. Butter, Zwiebackbrösel und Zucker in einer Pfanne rösten. Die Knödel damit bestreuen. Etwas Schmand dazu servieren.

Nußtörtchen mit Früchten

- Zubereitungszeit: ca. 45 Minuten
- Für 10 Törtchen
- Dazu paßt geschlagene Sahne

● schnell ● ausgefallen

80 g blaue Weintrauben, 100 g Beeren der Saison, 1 säuerlicher Apfel, 100 g Pflaumen
2 Eier, getrennt, 2 EL Zucker, 8 EL gemahlene Haselnüsse, 1 EL Mehl, 1 EL Speisestärke
10 Papierförmchen zum Backen (5–6 cm ø)
Puderzucker zum Bestäuben

1. Die Weintrauben waschen, halbieren und die Kerne entfernen. Die Beeren waschen und abtropfen lassen. Den Apfel schälen, das Kerngehäuse herausschneiden und das Fruchtfleisch in Spalten schneiden. Die Pflaumen waschen, halbieren und entsteinen. Die Früchte kalt stellen.
2. Den Backofen auf 180 °C vorheizen. Die Eigelbe mit 1 Eßlöffel Zucker schaumig rühren. Die Eiweiße steifschlagen, dabei den restlichen Eßlöffel Zucker einrieseln lassen. Den Eischnee unter die Eigelbmasse ziehen. Die Haselnüsse unterheben, das Mehl und die Speisestärke darübersieben und alles gut vermengen. Die Papierförmchen jeweils zu zwei Dritteln mit dem Teig füllen.
3. Die Früchte auf die Törtchen legen, die Förmchen auf ein Backblech stellen und etwa 15 Minuten backen. Dann abkühlen lassen und mit Puderzucker bestäuben.

Für dieses Dessert können Sie das Obst verwenden, das Sie gerade übrig haben. Es paßt praktisch alles, und so ist dieses Rezept zur Steinbock-Mond typischen Resteverwertung geeignet.

WENN DER MOND IM WASSERMANN STEHT

Wenn der Mond im Wassermann steht – hat in der Küche die Zukunft begonnen

In dieser Mondposition greift Uranus als Beikoch in das Küchengeschehen ein. Und schon kommt es zu überraschenden Zwischen- und eigentümlichen Einfällen... So herrscht einerseits Verwirrung um den häuslichen Herd, andererseits können sich geniale Ideen in außergewöhnlichen und faszinierenden Gerichten niederschlagen. Der Mond im Wassermann schürt aber auch die unbändige Lust auf das Neue und Außergewöhnliche. Und ehe man sich versieht, findet in der Küche eine »Revolution« statt, die alles auf den Kopf stellt. Nun ist es natürlich nicht nötig, gleich eine neue Koch-Ausrüstung zu kaufen, die höchsten High-Tech-Ansprüchen genügt. Es sollte eigentlich schon reichen, sich ein paar extravaganten und abgehobenen Rezepten zu widmen oder die Phantasie spielen zu lassen, damit sich der wassermännische Erfinder- und Reformgeist kräftig auszutoben kann. Fazit: Wenn der Mond im Wassermann steht, geht es also fortschrittlich in der Küche zu. Genauer genommen, fällt man mit der ganzen Kocherei jetzt gern aus dem Rahmen. Denn alles Herkömmliche, Gewöhnliche und Bewährte ist sozusagen tabu. Je ausgefallener und verrückter die Zutaten, Rezepte und Einfälle, umso besser.

Der Wassermann-Mond liebt die moderne, extravagante Küche und vor allem das gemeinsame Essen (mit Freunden). Normale Hausmannskost ist also nicht gefragt. Auch nicht, wenn sie preiswert ist. Schließlich geht es um das Besondere. Da spielt Geld keine Rolle.

- **Duft-Ecke:** Davana – ein Duft, der von der Kopflastigkeit zu mehr Gefühlstiefe führen soll. Er verbindet Verstand und Herz.

Vetiver – bremst die intellektuellen Höhenflüge und »verankert« auf dem Boden der Tatsachen.

Kulinarische Charakteristika

- **Beikoch:** Uranus
- **Element:** Luft
- **Prinzip:** Reform
- **Farbe:** Eisblau, Metallic-Farben
- **Stimmung:** rebellisch, humorvoll, abgehoben
- **Tagesqualität:** kameradschaftlich, modern, extravagant
- **Energiequelle:** Fett
- **Pflanzenteil:** Blüte
- **Kräuter:** Minze, Rosmarin, Ysop
- **Gewürze:** rosa Pfefferkörner, Macis
- **Obst:** Mango, Nektarine, Limette, Kaki
- **Gemüse:** Spargel, Zucchini, Mangold, Chicorée
- **Salat:** Bataviasalat
- **Sonstiges:** Worcestersauce, Parmesan, Früchtetee

Chutney- und Mandel-Basilikum-Dip passen hervorragend zur Mondposition des Wassermannes. Doch Ihrer Phantasie sind heute sowieso keine Grenzen gesetzt. Wandeln Sie die Dips ruhig nach Ihren Wünschen ab, Uranus gibt Ihnen heute Tips (bzw. »verrückte Einfälle«) dazu.

Rohes Gemüse mit Dips

- Zubereitungszeit: ca. 30 Minuten
- Für 2 Portionen
- Dazu paßt Stangenweißbrot
- **gesund** ● **schnell**

1/2 Bund Basilikum, etwas abgeriebene Schale und Saft von 1 unbehandelten Zitrone, 2 EL gehackte Mandeln, 75 g Speisequark (20% Fett i. Tr.), etwas Salz, weißer Pfeffer aus der Mühle

50 g Doppelrahmfrischkäse, 1–2 EL Milch, 1–2 EL Chutney (z. B. Mangochutney), 1 EL Schnittlauchröllchen

1 kleiner Chicorée, 2 kleine, feste Tomaten, 1/2 Staudensellerie, 1 Zucchini, 1 Möhre, je 1/2 grüne, gelbe und rote Paprikaschote

1. Für den Basilikumdip das Basilikum hacken, mit der Zitronenschale, dem -saft, den Mandeln und dem Quark verrühren. Mit etwas Salz und Pfeffer abschmecken.
2. Für den Chutneydip den Frischkäse mit der Milch und dem Chutney cremig rühren. Die Schnittlauchröllchen darunterziehen, mit etwas Salz und Pfeffer abschmecken.
3. Den Chicorée von den äußeren Blättern befreien und den Strunk etwas kürzen. Die Tomaten vierteln. Den Sellerie in einzelne Stangen zerteilen, etwas kürzen. Die Zucchini und die Möhre in breite Streifen schneiden. Von den Paprikahälften die Trennhäute, die Stengelansätze und die Kerne entfernen, die Schoten in schmale Streifen schneiden.
4. Die beiden Dips in Schälchen (oder zum Mitnehmen in Plastikdosen) füllen, die Gemüse auf einem Teller anrichten.
(siehe Foto rechts)

Suppe mit Shrimps und Mais

- Zubereitungszeit: ca. 15 Minuten
- Für 4 Portionen
- Dazu paßt Kroepoek
- **exotisch** ● **teuer**

4 Schalotten, 3 Knoblauchzehen, 3 EL Öl

800 ml Hühnerbrühe, 300 g geschälte Shrimps (oder Krebsfleisch), 8 kleine junge Maiskölbchen (aus dem Glas), 3 EL Fischsauce, etwas Salz, weißer Pfeffer aus der Mühle

2 Eier, 1 Handvoll Koriandergrün

1. Die Schalotten schälen und fein hacken, die Knoblauchzehen ebenfalls schälen und durchpressen. In dem heißen Öl zuerst die Schalotten hellgelb anbraten, dann den Knoblauch hinzufügen und unter Rühren einige Minuten braten.
2. Die Hühnerbrühe dazugießen und alles zum Kochen bringen.
Nun die Shrimps und die Maiskölbchen hinzufügen und die Suppe mit Fischsauce, Salz und Pfeffer abschmecken.
3. Die Eier gründlich verquirlen und über eine Gabel in die kochende Brühe fließen lassen. Umrühren und die Suppe mit Korianderblättchen bestreuen.

Wenn der Mond im Wassermann steht, kommt Außergewöhnliches auf den Tisch. Und da liegen Sie mit den Spaghetti mit Apfelsauce genau richtig. Überraschen Sie Ihre Gäste mit diesem Gericht, es bleibt bestimmt nichts übrig.

Spaghetti mit Apfelsauce

- Zubereitungszeit: ca. 45 Minuten
- Für 4 Portionen
- Dazu paßt ein Mais-Paprika-Salat
- **ausgefallen** ● **leicht**

750 g grüne Äpfel, z. B. Granny Smith
250 g vollreife Tomaten, 1 Stange Staudensellerie, 1 EL Sonnenblumenöl
etwas Salz, 400 g Spaghetti
schwarzer Pfeffer aus der Mühle, 1 Prise Zucker, 2 Zweige Pfefferminze

1. Die Äpfel schälen, halbieren und die Kerngehäuse herausschneiden. Das Fruchtfleisch in Stücke schneiden und in einem Topf mit wenig Wasser in 20 bis 25 Minuten weich kochen.
2. Inzwischen die Tomaten über Kreuz einritzen, kurz überbrühen, abschrecken, enthäuten und die Stielansätze herausschneiden. Dann die Tomaten vierteln, entkernen, in Würfel schneiden und diese durch ein Sieb streichen. Den Sellerie putzen, waschen und in feine Scheiben schneiden.
3. Das Öl in einem großen Topf erhitzen. Das Tomatenmus und die Sellerieringe hineingeben und 15 bis 20 Minuten zugedeckt garen.
4. 4 l Salzwasser in einem großen Topf zum Kochen bringen. Die Spaghetti hineingeben und in 8 bis 11 Minuten bißfest kochen.
5. Inzwischen die Äpfel abgießen, durch ein Sieb streichen und das Apfelmus unter das Tomatensugo rühren. Alles mit Salz, Pfeffer und Zucker abschmecken. Die Minzeblätter von den Zweigen zupfen, waschen und trockentupfen. Einige Blätter zum Garnieren beiseite legen. Die restlichen in feine Streifen schneiden und in die Sauce einrühren.
6. Die Spaghetti in ein Sieb schütten, gut abtropfen lassen und mit der Sauce mischen. Das Gericht auf Tellern anrichten und mit den beiseitegelegten Kräuterblättchen garnieren.

Spargelgemüse mit Speck

- Zubereitungszeit: ca. 30 Minuten
- Für 4 Portionen
- Dazu passen Schweineschnitzel
- **schnell** ● **deftig**

750 g Spargel, etwas Salz, 2 EL Butter, 1 Prise Zucker
1 Stange Porree (ca. 200 g), 2 mittelgroße Möhren, 1 Zwiebel
125 g Bauchspeck
150 g Sahne, 1 Eigelb
weißer Pfeffer aus der Mühle

1. Den Spargel schälen, die unteren Enden abschneiden und in 4 bis 5 cm lange Stücke schneiden. Reichlich Salzwasser mit 1 Eßlöffel Butter und Zucker zum Kochen bringen und den Spargel darin 5 bis 10 Minuten vorgaren.
2. Das Gemüse putzen. Den Porree in Rauten, die Möhren in 1 cm lange Stifte und die Zwiebel in Würfel schneiden. Das Gemüse ohne die Zwiebel blanchieren, abschrecken und abtropfen lassen.
3. Die Schwarte vom Speck entfernen, den Speck in feine Streifen schneiden und mit wenig Butter auslassen.
4. Die Sahne steifschlagen, mit dem Eigelb verrühren.
5. Das gesamte Gemüse in wenig Butter erhitzen, den Speck hinzugeben und unter Rühren das Sahne-Eigelb-Gemisch einrühren, aufwallen lassen und mit Pfeffer pikant abschmecken.

Lachsquiche

- Zubereitungszeit: ca. 1 1/2 Stunden
- Für 4 Portionen
- Dazu paßt Sekt

aufwendig **edel**

250 g Weizenmehl, etwas Salz, 125 g Butter, 4 EL eiskaltes Wasser
250 g Brokkoliröschen
3 Eier, 150 g Kräuterfrischkäse, 250 g Schmand, weißer Pfeffer aus der Mühle
1 TL Fett für die Form
150–200 g gewürfeltes Lachsfilet

1. Mehl und 1/2 Teelöffel Salz, Butter und Wasser in eine Schüssel geben und schnell zu einem glatten Teig verarbeiten. Den Teig zu einer Kugel formen und zugedeckt mindestens 1 Stunde in den Kühlschrank stellen.
2. Den Backofen auf 200 °C vorheizen. Die Brokkoliröschen kurz in kochendem Wasser blanchieren.
3. Die Eier mit Frischkäse und Schmand verquirlen, mit Salz und Pfeffer abschmecken.
4. Den Teig ausrollen und eine ausgefettete Quicheform damit auslegen, einen Rand hochziehen. Den Teig mehrmals einstechen und etwa 10 Minuten vorbacken.
5. Brokkoliröschen und Lachswürfel auf dem Teig verteilen und die Frischkäsemischung darübergießen. Die Quiche 30 Minuten backen.

Ungewöhnlich muß es sein, wenn der Mond im Wassermann steht. Und da paßt diese Quiche mit vornehmem Lachs ganz ausgezeichnet. Schmand, Frischkäse und Butter sorgen dafür, daß die Energiequelle Fett ausreichend vorhanden ist. Doch keine Sorge – Brokkoli und Lachs bilden das gesunde Gegengewicht.

Hähnchen mit Nektarinen und Frühlingszwiebeln

- Zubereitungszeit: ca. 1 Stunde
- Für 4 Portionen
- Dazu passen Nudeln oder Reis
- **fruchtig** ● **aufwendig**

2 Hähnchen à 800 g
etwas Salz, weißer Pfeffer aus der Mühle,
3 EL Pflanzenfett
2 Nektarinen, 2 Frühlingszwiebeln, 2 Schalotten
Saft und abgeriebene Schale von 1 Limette,
200 ml Geflügelfond (aus dem Glas)
150 g saure Sahne, 1 EL Schnittlauchröllchen

Im Wassermann-Mond wird gern experimentiert und Neues ausprobiert. Wie wäre es da z.B. mit der ausgefallenen Kombination von Obst, Geflügel und Zwiebeln? Nektarinen gehören zu den Lieblingsobstsorten an Wassermann-Mond-Tagen. Was soll da noch schief gehen?

1. Die Hähnchen innen und außen waschen, trockentupfen und mit einer Geflügelschere entlang des Rückgrats und des Brustbeins halbieren. Die Hälften jeweils zwischen Brust und Keule durchtrennen, so daß insgesamt 8 Teile vorliegen.
2. Die Hähnchenteile mit Salz und Pfeffer würzen. Das Pflanzenfett in einer großen Pfanne erhitzen. Die Geflügelteile darin zunächst auf der Hautseite anbraten und dann wenden. Die Pfanne mit einem Deckel verschließen und das Geflügel bei reduzierter Hitze etwa 15 Minuten braten. Eventuell etwas Geflügelfond angießen, damit der Bratensatz nicht einbrennt.
3. In der Zwischenzeit die Nektarinen waschen, halbieren, die Steine herauslösen und das Fruchtfleisch in Spalten schneiden. Die Frühlingszwiebeln putzen, waschen und schräg in Ringe schneiden. Die Schalotten schälen und fein würfeln.
4. Die Hähnchenteile aus der Pfanne nehmen und warm halten. Frühlingszwiebeln und Schalotten im Bratfett anschwitzen, dann die Nektarinenspalten hinzufügen. Die Limettenschale dazugeben und alles gut verrühren. Anschließend den Limettensaft und den Geflügelfond angießen.
5. Die Flüssigkeit zum Kochen bringen und die Hähnchenteile dazugeben. Das Geflügel bei kleiner Hitze noch 20 bis 25 Minuten in der Sauce leise köcheln lassen. Zum Schluß die saure Sahne in die nicht mehr kochende Sauce einrühren und das Gericht mit den schnittlauchröllchen bestreuen.
(siehe Foto rechts)

Spargel-Kalbfleisch-Ragout mit Nudeln

- Zubereitungszeit: ca. 50 Minuten
- Für 4 Portionen
- Dazu paßt ein trockener Weißwein
- **fein** ● **arbeitsintensiv**

750 g Spargel, etwas Salz, 3 EL Butter,
1 Prise Zucker
1 Bund Schnittlauch, 250 g grüne Nudeln,
1 EL Öl
400 g Kalbsnuß, schwarzer Pfeffer aus der Mühle
150 g Sahne, 1 Eigelb

1. Den Spargel schälen, die unteren Enden abschneiden und in 4 bis 5 cm lange Stücke schneiden. Reichlich Salzwasser mit 1 Eßlöffel Butter und Zucker zum Kochen bringen und den Spargel darin 10 Minuten vorgaren.
2. Den Schnittlauch fein schneiden. Die Nudeln in Salzwasser mit etwas Öl bißfest kochen und abgießen.
3. Das Kalbfleisch von Fett und Sehnen befreien, kleinschneiden und in einem Topf mit 1 Eßlöffel Butter rasch anbraten, sofort herausnehmen und warm stellen.
4. Die Sahne steifschlagen und mit dem Eigelb verrühren. Den Spargel mit dem Schnittlauch und dem Kalbfleisch vermischen. Mit dem Sahne-Eigelb-Gemisch unter Rühren aufwallen lassen und abschmecken.
5. Die in der restlichen Butter geschwenkten, gewürzten und erhitzten Nudeln mit dem Ragout anrichten.

Bei diesem Gericht kann sich das Wassermann-Prinzip zur vollen Blüte entfalten – die außergewöhnlichsten Früchte werden kombiniert, und das Ganze wird anschließend noch mit einem Sabayon überbacken.

Gratin von exotischen Früchten

- Zubereitungszeit: ca. 30 Minuten
- Für 4 Portionen
- Dazu paßt Vanilleeis

exotisch **schnell**

2 Kiwis, 1 Babyananas, 2 Feigen, 2 Mangostane, 1 Mango, 1 Sharonfrucht (oder Kaki), 1 Pomelo
3 Eigelb, 100 g Zucker, 1/8 l Weißwein
1 EL Puderzucker

1. Die Kiwis schälen und in je 6 Scheiben schneiden. Die Babyananas schälen, vierteln, den Strunk herausschneiden und das Fruchtfleisch in Scheiben schneiden. Die Feigen schälen und in dicke Scheiben zerteilen. Die Mangostane aufschneiden und das Fruchtfleisch in die Segmente zerteilen. Die Mango schälen, halbieren und den Stein herauslösen. Das Fruchtfleisch in Spalten schneiden. Die Sharonfrucht (oder Kaki) waschen und in Scheiben schneiden. Die Pomelo schälen und die Filets herausschneiden. Die Früchte auf vier feuerfesten Tellern anrichten.

2. Für das Sabayon die Eigelbe in eine Metallschüssel geben, den Zucker einrieseln lassen und den Wein dazugießen. Die Masse in einem warmen Wasserbad schaumig schlagen, bis die Konturen des Schneebesens deutlich sichtbar sind. Dann das Sabayon kräftig aufschlagen, bis eine homogene, schaumige Masse entsteht.

3. Das Sabayon über die Früchte geben und unter dem Grill goldbraun überbacken. Das Ganze mit Puderzucker bestäuben.

Ananassalat mit Kokosnußgranité

- Zubereitungszeit: ca. 35 Minuten
- Gefrierzeit: ca. 2 Stunden
- Für 4 Portionen
- Dazu paßt ein Digestif
- **aufwendig** ● **exotisch**

250 ml gesüßte Kokosnußcreme (aus der Dose), 250 ml Milch, 40 ml weißer Rum

100 g Zucker, 1 reife Ananas, 16 Pfefferminzblätter

ca. 200 g Bitterschokolade, 30 g Puderzucker, 4 Pfefferminzsträußchen

1. Die Kokosnußcreme zusammen mit der Milch und dem Rum in eine Schüssel geben, gut verrühren, etwa 2 cm hoch in ein flaches Gefäß mit Rand gießen und in etwa 2 Stunden im Tiefkühlfach gefrieren lassen.

2. Während des Gefriervorgangs immer wieder die zuerst gefrierenden Randschichten sowie die Oberfläche der Masse mit einer Gabel lösen, zerbrechen und unterrühren. Je öfter dieser Vorgang wiederholt wird, desto feinkörniger wird das Granité.

3. Den Zucker mit etwa 100 ml Wasser aufkochen und das Ganze abkühlen lassen. Die Ananas schälen, vierteln und den Strunk herausschneiden. Dann das Fruchtfleisch in etwa 1 cm dicke Scheiben schneiden und in das Zuckerwasser (Läuterzucker) geben. Die Pfefferminzblätter in dünne Streifen schneiden und zum Ananassalat geben. Dann den Salat auf Tellern anrichten.

4. Von der Schokolade mit einem großen Messer kleine Röllchen abschaben und zusammen mit dem Puderzucker über den Fruchtsalat streuen. Die Pfefferminzsträußchen abbrausen, trockentupfen und den Salat damit garnieren.

5. Das fertige Kokosnußgranité aus dem Tiefkühlfach nehmen, fein zerstoßen, kurz durchrühren und zusammen mit dem Ananassalat servieren.

Ausgefallen muß es schon sein, wenn der Mond im Zeichen des Wassermannes steht und in der Küche regiert. Mit dem Ananassalat bleiben in dieser Mondposition garantiert keine Wünsche unerfüllt.

WENN DER MOND IN DEN FISCHEN STEHT

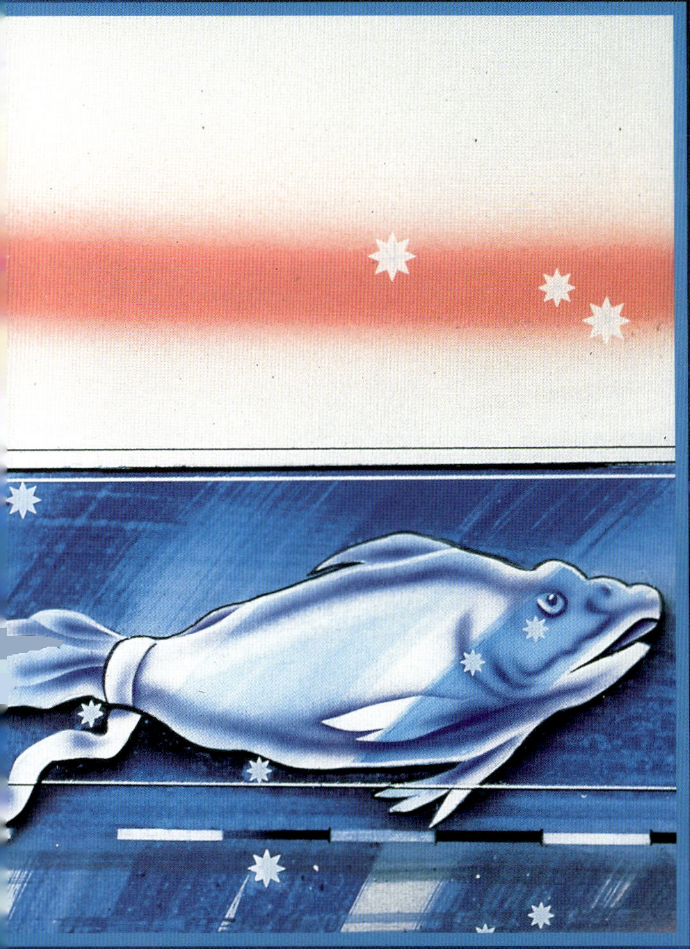

Wenn der Mond in den Fischen steht – sind in der Küche Exoten zu Gast

In dieser Mondposition meldet sich Neptun als Beikoch zu Wort. Und dann bekommen die Töpfe keine Stiel-, sondern eher »Schlitzaugen«. Fernöstlicher Küchenzauber ist an diesen Mond-Tagen nämlich Trumpf. Vor allem sind es asiatische Spezialitäten, für die das Mond-Neptun-Team eine besondere Schwäche entwickelt.

Abgesehen davon, daß an Fische-Mond-Tagen alles, was auch nur annähernd exotisch ist, ganz hoch im Kurs steht, kommt es außerdem auf die richtige Atmosphäre an. Das fängt beim Zubereiten der Speisen an und hört erst bei der romantischen Tischdekoration auf – zarte, meditative Musik und Duft aus dem Räucherschälchen inbegriffen. Darüber hinaus geht es an diesen Mond-Tagen auch recht geheimnisvoll und »mystisch« in der Küche zu. Man sollte dem Koch bzw. der Köchin also nicht über die Schulter schauen, wenn man Überraschungen liebt.

Fazit: Wenn der Mond in den Fischen steht, kommen nicht nur exotische und ausgefallene Speisen auf den Tisch, deren Zubereitung allein schon ein hingebungsvoller Akt ist. Auch das gemeinsame Essen ist eine behagliche und anheimelnde Zeremonie. Auf Rezepte greift man gern zurück. Letztlich wird aber doch immer eine eigene Komposition daraus entstehen. Je nach Lust und Laune...

Der Fische-Mond mag es lieblich, süß-sauer und er liebt alle geheimnisvollen, schwer definierbaren Geschmacksrichtungen. Eingekauft wird nach Möglichkeit auf dem Markt (Basar), wobei der Kostenfaktor keine bedeutende Rolle spielt.

- **Duft-Ecke:** Immortelle – Dieser Duft öffnet verborgene Schichten des Unterbewußtseins – ohne den Realitätsbezug zu verlieren.
Veilchenblätter – ein lieblich-blumiger Duft mit sensibilisierender, aber auch beruhigender Wirkung.

Kulinarische Charakteristika

- **Beikoch:** Neptun
- **Element:** Wasser
- **Prinzip:** Auflösung
- **Farbe:** Pastelltöne, schimmernde Farben
- **Stimmung:** mitfühlend, teilnahms- und hingebungsvoll
- **Tagesqualität:** hilfsbereit, mystisch, illusionär
- **Energiequelle:** Kohlenhydrate
- **Pflanzenteil:** Blatt
- **Kräuter:** Pimpinelle, Dill, Angelikawurzel
- **Gewürze:** Ingwer, Oregano, Kardamon
- **Obst:** Wassermelone, Litschi, Karambole
- **Gemüse:** Bambussprosse, Chinakohl, Sojabohnen
- **Salat:** Romanasalat, Fruchtsalat
- **Sonstiges:** Reis, Sojasauce, Meeresgemüse

Exotik pur ist hier angesagt – Fisch, Mango und Kokosnuß werden zu einer asiatischen Delikatesse verwandelt, die ganz nach dem Geschmack des Fische-Prinzips ist. Die Zutaten kaufen Sie am besten ganz frisch auf dem Markt oder im Feinkostgeschäft – an Fische-Mond-Tagen wird nicht auf die Mark geschaut.

Fischsuppe mit Kokossahne

- Zubereitungszeit: ca. 50 Minuten
- Für 4 Portionen
- Dazu paßt Baguette oder indisches Fladenbrot

● **exotisch** ● **pikant**

2 Knoblauchzehen, 1 große Zwiebel, 1 rote Chilischote
2 Stangen Porree, 1 große, feste Mango
2 EL Erdnußöl, 1 l entfetteter Geflügelfond oder Fischfond (aus dem Glas), 200 ml ungezuckerte Kokosmilch (Fertigprodukt)
300 g Rotbarschfilet, 200 g geschälte Garnelen
1 TL Salz, 1 Prise Currypulver, 1 Prise geriebene Muskatnuß, 1 EL Sherry
1 Zweig Koriander, 12 Basilikumblätter

1. Den Knoblauch und die Zwiebel schälen und fein würfeln. Die Chilischote waschen, der Länge nach halbieren, sorgfältig entkernen und das Fruchtfleisch in feine Streifen schneiden.
2. Den Poree putzen, waschen und in etwa 1 cm große Stücke schneiden. Die Mango schälen und das Fruchtfleisch rundherum vom Stein abschneiden. Es in feine Streifen schneiden.
3. Den Knoblauch, die Zwiebeln und die Chili im Öl goldbraun braten. Die Mango- und die Poreestücke dazugeben, den Geflügel- oder Fischfond angießen, alles aufkochen und etwa 2 Minuten kochen lassen. Die Kokosmilch dazugeben und die Suppe nochmals aufkochen lassen. Danach die Hitzezufuhr verringern.
4. Den Rotbarsch mit einer Pinzette oder Zange entgräten und in etwa 1 cm große Stücke schneiden. Die Garnelen längs halbieren und die dunklen Därme entfernen. Die Garnelen mit kaltem Wasser abspülen und gut abtropfen lassen.
5. Die Rotbarschwürfel und die halbierten Garnelen in den sehr heißen, aber nicht kochenden Fond geben und etwa 4 Minuten darin ziehen lassen. Die Suppe mit Salz, Curry, Muskat und Sherry abschmecken und zugedeckt warm halten.
6. Zum Schluß den Koriander und das Basilikum waschen, trockentupfen und die Blätter vom Koriander abzupfen. Die Suppe in vier tiefe Teller geben und mit den Kräutern bestreuen.

Blattsalate mit Ingwer und Lachs

- Zubereitungszeit: ca. 35 Minuten
- Für 4 Portionen
- Dazu paßt Baguette
- **ausgefallen** ● **schnell**

120 g frischer Ingwer, 220 ml Rotweinessig, 2 EL Zucker

1 mittelgroßer Kopf Lollo rosso, 1 mittelgroßer Kopf Radicchio, 1 kleiner Kopf Friséesalat, 1 Kolben Chicorée, 1 Bund Koriandergrün

1 Schalotte, 7 EL Erdnußöl, 1 EL Sesamöl, 1/2 TL Meersalz, weißer Pfeffer aus der Mühle

300 g Lachsfilet ohne Haut und ohne Gräten, 40 g Butter

ca. 450 ml Rotwein, 2 TL Kartoffelmehl, 1 EL kalte Butterflöckchen

1. Den Ingwer schälen, zunächst in dünne Scheiben und dann in ganz feine Streifen schneiden. Ingwerstreifen, etwa 100 ml Rotweinessig, Zucker und etwa 100 ml Wasser in einen kleinen Topf geben, alles etwa 3 Minuten kochen und dann kalt stellen.

2. Lollo rosso, Radicchio und Friséesalat putzen, die einzelnen Blätter waschen und in mundgerechte Stücke zerpflücken. Dabei harte Strunkansätze und feste Blattrippen entfernen. Alles gut trockenschleudern. Mit einem spitzen Küchenmesser den bitteren Strunk aus dem Chicorée herausschneiden. Die einzelnen Blätter vom Kolben lösen, kurz in lauwarmem Wasser waschen und trockentupfen. Das Koriandergrün abspülen, trockentupfen und die Blätter von den Stengeln zupfen.

3. Die Schalotte schälen, kleinhacken und zusammen mit den Ölen und dem restlichen Essig in einer Schüssel verrühren. Die Vinaigrette mit etwas Salz und Pfeffer abschmecken. Die Ingwerstreifen aus dem Sud nehmen und darunterrühren.

4. Das Lachsfilet in fingerdicke Stücke schneiden. Die Butter in einer Pfanne erhitzen und den Fisch bei mittlerer Hitze von beiden Seiten je 3 Minuten braten und anschließend warm stellen.

5. Den Bratensatz mit etwa 400 ml Rotwein ablöschen und das Ganze zur Hälfte einkochen lassen. Das Kartoffelmehl mit dem restlichen kalten Rotwein anrühren und in die kochende Flüssigkeit einrühren.

6. Die Rotweinsauce von der Herdplatte nehmen und die Butterflöckchen nacheinander darunterschlagen. Das Ganze nicht mehr aufkochen. Die Sauce mit Salz und Pfeffer abschmecken und den Lachs dazugeben.

7. Die Chicoréeblätter auf Teller verteilen. Die restlichen Salate mit der Vinaigrette mischen, auf dem Chicorée anrichten und mit den Korianderblättern garnieren. Die Lachsstücke drumherumlegen und jeweils etwas Rotweinbuttersauce darübergeben.

Wenn der Mond in den Fischen steht, kann es in der Küche gar nicht exotisch genug sein. Da paßt dieser süß-saure Salat ganz ausgezeichnet. Blattsalate und Ingwer sind außerdem ganz nach dem Geschmack des Fische-Mondes.

Süß-saurer Chinakohl

- Zubereitungszeit: ca. 35 Minuten
- Für 4 Portionen
- Dazu paßt körnig gekochter Reis
- **zart** • **asiatisch**

Chinakohl, Sojasauce, Reis und Ingwer – in diesem Rezept stehen Zutaten im Mittelpunkt, die ganz nach dem Geschmack des Fische-Mondes sind. Aus dem Ganzen wird ein asiatisches Gericht, das sich hervorragend an Tagen eignet, an denen der Mond in dieser Position steht.

750 g Chinakohl, 2 Scheiben frische Ananas
3 EL Öl, schwarzer Pfeffer aus der Mühle,
1/4 l gemahlener Ingwer, 1/8 l Hühnerbrühe
2 TL Speisestärke, 1 EL Tomatenmark,
2 EL Sojasauce, 2 EL Weißweinessig,
2 EL Zucker
einige frische Korianderblätter

1. Den Chinakohl in die einzelnen Blätter zerteilen, diese waschen und gründlich trockentupfen. Die Blätter aufeinanderlegen und in breite Streifen schneiden. Die Ananasscheiben schälen, die Strunke herausschneiden und die Scheiben in kleine Würfel schneiden.

2. Das Öl in einer großen Pfanne erhitzen. Die Chinakohlstreifen und die Ananasstücke darin bei starker Hitze etwa 1 Minute braten. Dabei ständig rühren. Den Pfeffer und den Ingwer unter das Gemüse rühren, die Hälfte der Brühe angießen und alles etwa 10 Minuten bei mittlerer Hitze zugedeckt köcheln lassen.

3. Die restliche Brühe mit Speisestärke, Tomatenmark, Sojasauce, Essig und Zucker verrühren. Diese Mischung über den Kohl gießen und ihn noch einmal aufkochen lassen, bis die Sauce leicht bindet. Den Kohl mit den Korianderblättern bestreuen.

Garnelenspieße mit Mangoreis

- Zubereitungszeit: ca. 45 Minuten
- Für 4 Portionen
- Dazu paßt ein trockener Weißwein

● exotisch ● mild

1 feste Mango, 1 mittelgroße Zwiebel, 200 g Langkornreis

3 EL Butter, 400 ml Geflügelfond (aus dem Glas), 1/2 Lorbeerblatt, etwas Salz

12 Riesengarnelen à 50–60 g (ohne Schalen und Köpfe, aber mit Schwanzflossen), 12–16 Perlzwiebeln (aus dem Glas)

6 EL Öl, weißer Pfeffer aus der Mühle

1. Den Backofen auf 180 °C vorheizen.
2. Die Mango schälen, das Fruchtfleisch vom Stein abschneiden und in 1 cm große Würfel schneiden. Die Zwiebeln schälen und fein würfeln. Den Reis waschen und abtropfen lassen.
3. 2 Eßlöffel Butter in einem flachen Topf erhitzen und die Zwiebel darin glasig schwitzen. Den Reis dazugeben und unter Rühren glasig werden lassen. Dann die Mangowürfel hinzufügen, alles verrühren und mit dem Geflügelfond aufgießen. Das Lorbeerblatt und das Salz dazugeben und den Topf mit einem Deckel verschließen. Den Topf in den Backofen stellen und den Mangoreis etwa 20 Minuten garen (nicht umrühren).
4. In der Zwischenzeit die Garnelenschwänze der Länge nach am Rücken aufschneiden und die schwarzen Darmfäden entfernen. Die Garnelen abwechselnd mit den Perlzwiebeln auf Spieße stecken.
5. Den Reis aus dem Backofen nehmen (er ist gar, wenn die gesamte Flüssigkeit verkocht ist) und in eine Schüssel geben. Den restlichen Eßlöffel Butter in Flöckchen unterziehen und den Reis warmhalten.
6. Das Öl in einer großen Pfanne erhitzen. Die Garnelenspieße mit Salz und Pfeffer würzen und in dem Öl 4 bis 6 Minuten braten.
7. Den Mangoreis auf Tellern anrichten und die Garnelenspieße dazu servieren.

Der liebliche, milde Geschmack dieses Gerichtes paßt hervorragend, wenn der Mond in den Fischen steht. Die Mango gibt dem Reis eine feine exotische Note, und er trägt als Kohlenhydratelieferant zur Energieversorgung an Fische-Mond-Tagen bei.

Zanderfilet auf Limetten-Fenchel-Sauce mit Karambole

Der Fisch wird in diesem Rezept mit Obst und Fenchel kombiniert. Zu dieser Zusammenstellung gehört schon etwas Mut. Doch keine Angst, dieses Rezept ist erprobt und für gut befunden worden. Und außerdem liebt der Fische-Mond das Geheimnisvolle.

- Zubereitungszeit: ca. 1 Stunde
- Für 4 Portionen
- Dazu paßt Kartoffelpüree

● exotisch ● mild

2 Fenchelknollen à 180 g, 1 Schalotte
1 EL Butter, etwas Salz, weißer Pfeffer aus der Mühle
2 Limetten, 450 ml Fischfond (aus dem Glas)
2 Tomaten
650 g Zanderfilet, 4 EL Pflanzenöl
1 Karambole
200 g Sahne

1. Das Grün von den Fenchelknollen abschneiden und beiseite legen. Die Stielansätze abschneiden und die Knollen waschen. Dann halbieren, die Strünke herausschneiden und das Gemüse in feine Scheiben schneiden. Die Schalotte schälen und in Ringe schneiden.
2. Die Butter in einem Topf erhitzen und die Schalotten darin glasig dünsten. Den Fenchel dazugeben, mit Salz und Pfeffer würzen und ebenfalls andünsten.
3. Dann die Schale von 1 Limette abreiben und den Saft auspressen. Saft und Schale zur Sauce geben, mit dem Fischfond aufgießen und die Sauce zugedeckt 20 bis 25 Minuten köcheln lassen.
4. Die Tomaten über Kreuz einritzen, überbrühen, abschrecken und enthäuten. Dann halbieren, entkernen und die Stielansätze herausschneiden. Fruchtfleisch würfeln.
5. Die Quergräten des Zanderfilets mit Hilfe einer Pinzette oder eine kleinen Zange entfernen. Den Fisch waschen, trockentupfen, in 4 Portionen zerteilen und mit Salz und Pfeffer würzen. Das Öl in einer Pfanne erhitzen und die Zanderfilets auf beiden Seiten darin goldgelb braten. Der Fisch ist gar, wenn man mit einer Messerspitze leicht durch das Filet hindurchstechen kann.
6. Die Karambole waschen und die harten Kanten abrunden, die Frucht in Scheiben schneiden. Den Fisch aus der Pfanne nehmen und zugedeckt warm stellen. Die Pfanne mit Küchenpapier ausreiben. Die Karambolenscheiben darin erwärmen und mit Salz leicht würzen. Dann die Tomatenwürfel dazugeben und beides einige Minuten schmoren lassen.
7. Nun die Sahne zu der Limetten-Fenchel-Sauce geben und diese leicht cremig einkochen lassen. Das Fenchelkraut waschen, fein hacken und in die Sauce geben.
8. Die zweite Limette schälen, die Filets herausschneiden und in der Fenchelsauce kurz erwärmen. Die Sauce mit Salz und Pfeffer abschmecken. Die Fenchelsauce auf die Teller verteilen, die Zanderfilets darauf anrichten und das Karambole-Tomaten-Ragout dazugeben.

Caipirinha-Sorbet

- Zubereitungszeit: ca. 25 Minuten
- Gefrierzeit: ca. 5 Stunden
- Für 4 Portionen
- Dazu paßt exotischer Fruchtsalat

● ausgefallen ● leicht

6 EL brauner Zucker, 4 EL Wasser
4 Limetten, 4 EL Cachaça (Zuckerrohrschnaps)
2 EL brauner Zucker, 1 Limette

1. Für das Sorbet den Zucker und das Wasser in einem kleinen Topf verrühren. Den Zucker darin bei schwacher Hitze schmelzen und anschließend den Sirup abkühlen lassen.
2. Die Limetten heiß abwaschen und abtrocknen. 1 Limette beiseite legen. Die Schale der übrigen fein abreiben und den Saft der Früchte auspressen. 150 ml Limettensaft abmessen und zusammen mit dem Zuckersirup, der Limettenschale und dem Zuckerrohrschnaps verquirlen.
3. Diese Mischung dann in eine gefrierbeständige Schüssel füllen und zugedeckt im Tiefkühlgerät mindestens 5 Stunden gefrieren lassen. Zwischendurch die Masse mehrmals mit einem Schneebesen kräftig durchschlagen.
4. Zum Garnieren den braunen Zucker auf einen flachen Teller streuen. Vier kleine hohe Gläser an den Rändern mit Wasser befeuchten und in den Zucker drücken. Die restliche Limette achteln oder die Schale mit Hilfe eines scharfen Messers in langen Spiralen abschälen.
5. Vor dem Servieren das Sorbet noch einmal kräftig durchrühren, am besten mit einem Pürierstab. Das Sorbet zu kleinen Kugeln formen und in die vorbereiteten Gläser geben. Die Limettenachtel in das Sorbet stecken oder die Limettenspiralen dekorativ an die Gläserränder hängen.

Karibische Nächte lassen grüßen – und da sind Sie an Fische-Mond-Tagen sicher gerne dabei! Exotik ist Trumpf, und dieses Dessert bietet Ihnen davon eine ganze Menge. Ihre Gäste werden begeistert sein.

So nutzen Sie die Mondtabellen

Um festzustellen, in welchem Tierkreiszeichen sich der Mond befindet, brauchen Sie nur einen Blick auf die folgende Tabelle zu werfen: Sie finden dort in der ersten Spalte den Wochentag und in der zweiten das Datum. Die dritte Spalte zeigt Ihnen dann das Symbol jenes Zeichens, in dem sich der Mond gerade befindet. Die Symbole in Spalte vier zeigen Ihnen auf, an welchen Tagen Neu- bzw. Vollmond ist und wann der Viertelmond zu- oder abnehmend ist.

Zeichenerklärung

Widder	♈	Waage	♎	◐	zunehmender Mond
Stier	♉	Skorpion	♏	○	Vollmond
Zwillinge	♊	Schütze	♐	◑	abnehmender Mond
Krebs	♋	Steinbock	♑	●	Neumond
Löwe	♌	Wassermann	♒		
Jungfrau	♍	Fische	♓		

MONDKALENDER 2001

Juli				
So	1	♏		
Mo	2	♏		
Di	3	♐		
Mi	4	♐		
Do	5	♑	○	16:05
Fr	6	♑		
Sa	7	♒		
So	8	♒		
Mo	9	♒		
Di	10	♓		
Mi	11	♓		
Do	12	♓		
Fr	13	♈	◑	
Sa	14	♈		
So	15	♉		
Mo	16	♉		
Di	17	♊		
Mi	18	♊		
Do	19	♋		
Fr	20	♋	●	20:41
Sa	21	♌		
So	22	♌		
Mo	23	♍		
Di	24	♍		
Mi	25	♎		
Do	26	♎		
Fr	27	♎	◐	
Sa	28	♏		
So	29	♏		
Mo	30	♐		
Di	31	♐		

August				
Mi	1	♑		
Do	2	♑		
Fr	3	♑		
Sa	4	♒	○	06:56
So	5	♒		
Mo	6	♓		
Di	7	♓		
Mi	8	♓		
Do	9	♈		
Fr	10	♈		
Sa	11	♉		
So	12	♉	◑	
Mo	13	♉		
Di	14	♊		
Mi	15	♊		
Do	16	♋		
Fr	17	♋		
Sa	18	♌		
So	19	♌	●	03:54
Mo	20	♍		
Di	21	♍		
Mi	22	♎		
Do	23	♎		
Fr	24	♏		
Sa	25	♏	◐	
So	26	♐		
Mo	27	♐		
Di	28	♐		
Mi	29	♑		
Do	30	♑		
Fr	31	♒		

September				
Sa	1	♒		
So	2	♒	○	22:43
Mo	3	♓		
Di	4	♓		
Mi	5	♈		
Do	6	♈		
Fr	7	♈		
Sa	8	♉		
So	9	♉		
Mo	10	♊	◑	
Di	11	♊		
Mi	12	♋		
Do	13	♋		
Fr	14	♌		
Sa	15	♌		
So	16	♍		
Mo	17	♍	●	11:27
Di	18	♎		
Mi	19	♎		
Do	20	♏		
Fr	21	♏		
Sa	22	♐		
So	23	♐		
Mo	24	♐	◐	
Di	25	♑		
Mi	26	♑		
Do	27	♒		
Fr	28	♒		
Sa	29	♒		
So	30	♓		

Oktober				
Mo	1	♓		
Di	2	♈	○	14:46
Mi	3	♈		
Do	4	♈		
Fr	5	♉		
Sa	6	♉		
So	7	♊		
Mo	8	♊		
Di	9	♋		
Mi	10	♋	◑	
Do	11	♋		
Fr	12	♌		
Sa	13	♌		
So	14	♍		
Mo	15	♍		
Di	16	♎	●	20:25
Mi	17	♎		
Do	18	♏		
Fr	19	♏		
Sa	20	♐		
So	21	♐		
Mo	22	♑		
Di	23	♑		
Mi	24	♑	◐	
Do	25	♒		
Fr	26	♒		
Sa	27	♓		
So	28	♓		
Mo	29	♓		
Di	30	♈		
Mi	31	♈		

November				
Do	1	♉	○	06:39
Fr	2	♉		
Sa	3	♊		
So	4	♊		
Mo	5	♊		
Di	6	♋		
Mi	7	♋		
Do	8	♌	◑	
Fr	9	♌		
Sa	10	♍		
So	11	♍		
Mo	12	♎		
Di	13	♎		
Mi	14	♏		
Do	15	♏	●	07:44
Fr	16	♐		
Sa	17	♐		
So	18	♐		
Mo	19	♑		
Di	20	♑		
Mi	21	♒		
Do	22	♒		
Fr	23	♓	◐	
Sa	24	♓		
So	25	♓		
Mo	26	♈		
Di	27	♈		
Mi	28	♉		
Do	29	♉		
Fr	30	♉	○	21:48

Dezember				
Sa	1	♊		
So	2	♊		
Mo	3	♋		
Di	4	♋		
Mi	5	♌		
Do	6	♌		
Fr	7	♍	◑	
Sa	8	♍		
So	9	♎		
Mo	10	♎		
Di	11	♏		
Mi	12	♏		
Do	13	♏		
Fr	14	♐	●	21:48
Sa	15	♐		
So	16	♑		
Mo	17	♑		
Di	18	♒		
Mi	19	♒		
Do	20	♒		
Fr	21	♓		
Sa	22	♓	◐	
So	23	♈		
Mo	24	♈		
Di	25	♈		
Mi	26	♉		
Do	27	♉		
Fr	28	♊		
Sa	29	♊		
So	30	♋	○	11:36
Mo	31	♋		

MONDKALENDER 2002

Januar

Di	1	♌		
Mi	2	♌		
Do	3	♍		
Fr	4	♍		
Sa	5	♍		
So	6	♎	◑	
Mo	7	♎		
Di	8	♏		
Mi	9	♏		
Do	10	♐		
Fr	11	♐		
Sa	12	♑		
So	13	♑	●	14:31
Mo	14	♑		
Di	15	♒		
Mi	16	♒		
Do	17	♓		
Fr	18	♓		
Sa	19	♓		
So	20	♈		
Mo	21	♈	◐	
Di	22	♉		
Mi	23	♉		
Do	24	♉		
Fr	25	♊		
Sa	26	♊		
So	27	♋		
Mo	28	♋	○	23:50
Di	29	♌		
Mi	30	♌		
Do	31	♍		

Februar

Fr	1	♍		
Sa	2	♎		
So	3	♎		
Mo	4	♏	◑	
Di	5	♏		
Mi	6	♐		
Do	7	♐		
Fr	8	♑		
Sa	9	♑		
So	10	♑		
Mo	11	♒		
Di	12	♒	●	08:41
Mi	13	♓		
Do	14	♓		
Fr	15	♓		
Sa	16	♈		
So	17	♈		
Mo	18	♉		
Di	19	♉		
Mi	20	♉	◐	
Do	21	♊		
Fr	22	♊		
Sa	23	♋		
So	24	♋		
Mo	25	♌		
Di	26	♌		
Mi	27	♍	○	10:14
Do	28	♍		

März

Fr	1	♎		
Sa	2	♎		
So	3	♏		
Mo	4	♏		
Di	5	♐		
Mi	6	♐	◑	
Do	7	♐		
Fr	8	♑		
Sa	9	♑		
So	10	♒		
Mo	11	♒		
Di	12	♒		
Mi	13	♓		
Do	14	♓	●	03:03
Fr	15	♈		
Sa	16	♈		
So	17	♈		
Mo	18	♉		
Di	19	♉		
Mi	20	♊		
Do	21	♊		
Fr	22	♊	◐	
Sa	23	♋		
So	24	♋		
Mo	25	♌		
Di	26	♌		
Mi	27	♍		
Do	28	♍	○	19:24
Fr	29	♎		
Sa	30	♎		
So	31	♏		

April

Mo	1	♏		
Di	2	♐		
Mi	3	♐		
Do	4	♑	◑	
Fr	5	♑		
Sa	6	♒		
So	7	♒		
Mo	8	♒		
Di	9	♓		
Mi	10	♓		
Do	11	♈		
Fr	12	♈	●	20:18
Sa	13	♈		
So	14	♉		
Mo	15	♉		
Di	16	♊		
Mi	17	♊		
Do	18	♊		
Fr	19	♋		
Sa	20	♋	◐	
So	21	♌		
Mo	22	♌		
Di	23	♍		
Mi	24	♍		
Do	25	♎		
Fr	26	♎		
Sa	27	♏	○	04:02
So	28	♏		
Mo	29	♐		
Di	30	♐		

Mai

Mi	1	♑		
Do	2	♑		
Fr	3	♑		
Sa	4	♒	◑	
So	5	♒		
Mo	6	♓		
Di	7	♓		
Mi	8	♓		
Do	9	♈		
Fr	10	♈		
Sa	11	♉		
So	12	♉	●	11:42
Mo	13	♉		
Di	14	♊		
Mi	15	♊		
Do	16	♋		
Fr	17	♋		
Sa	18	♌		
So	19	♌	◐	
Mo	20	♍		
Di	21	♍		
Mi	22	♍		
Do	23	♎		
Fr	24	♎		
Sa	25	♏		
So	26	♏	○	12:56
Mo	27	♐		
Di	28	♐		
Mi	29	♑		
Do	30	♑		
Fr	31	♒		

Juni

Sa	1	♒		
So	2	♓		
Mo	3	♓	◑	
Di	4	♓		
Mi	5	♈		
Do	6	♈		
Fr	7	♈		
Sa	8	♉		
So	9	♉		
Mo	10	♊		
Di	11	♊	●	00:48
Mi	12	♋		
Do	13	♋		
Fr	14	♌		
Sa	15	♌		
So	16	♌		
Mo	17	♍		
Di	18	♍	◐	
Mi	19	♎		
Do	20	♎		
Fr	21	♏		
Sa	22	♏		
So	23	♐		
Mo	24	♐	○	22:42
Di	25	♑		
Mi	26	♑		
Do	27	♒		
Fr	28	♒		
Sa	29	♒		
So	30	♓		

Juli

Mo	1	♓		
Di	2	♈	◑	
Mi	3	♈		
Do	4	♈		
Fr	5	♉		
Sa	6	♉		
So	7	♊		
Mo	8	♊		
Di	9	♊		
Mi	10	♋	●	11:21
Do	11	♋		
Fr	12	♌		
Sa	13	♌		
So	14	♍		
Mo	15	♍		
Di	16	♎		
Mi	17	♎	◐	
Do	18	♏		
Fr	19	♏		
Sa	20	♐		
So	21	♐		
Mo	22	♑		
Di	23	♑		
Mi	24	♑	○	10:11
Do	25	♒		
Fr	26	♒		
Sa	27	♓		
So	28	♓		
Mo	29	♓		
Di	30	♈		
Mi	31	♈		

August

Do	1	♉	◑	
Fr	2	♉		
Sa	3	♉		
So	4	♊		
Mo	5	♊		
Di	6	♋		
Mi	7	♋		
Do	8	♌	●	20:12
Fr	9	♌		
Sa	10	♍		
So	11	♍		
Mo	12	♎		
Di	13	♎		
Mi	14	♏		
Do	15	♏	◐	
Fr	16	♐		
Sa	17	♐		
So	18	♐		
Mo	19	♑		
Di	20	♑		
Mi	21	♒		
Do	22	♒	○	23:29
Fr	23	♓		
Sa	24	♓		
So	25	♓		
Mo	26	♈		
Di	27	♈		
Mi	28	♉		
Do	29	♉		
Fr	30	♉		
Sa	31	♊	◑	

September

So	1	♊		
Mo	2	♋		
Di	3	♋		
Mi	4	♋		
Do	5	♌		
Fr	6	♌		
Sa	7	♍	●	04:09
So	8	♍		
Mo	9	♎		
Di	10	♎		
Mi	11	♏		
Do	12	♏		
Fr	13	♐	◐	
Sa	14	♐		
So	15	♑		
Mo	16	♑		
Di	17	♒		
Mi	18	♒		
Do	19	♒		
Fr	20	♓		
Sa	21	♓	○	15:00
So	22	♈		
Mo	23	♈		
Di	24	♈		
Mi	25	♉		
Do	26	♉		
Fr	27	♊		
Sa	28	♊		
So	29	♊	◑	
Mo	30	♋		

Oktober

Di	1	♋		
Mi	2	♌		
Do	3	♌		
Fr	4	♍		
Sa	5	♍		
So	6	♎	●	12:18
Mo	7	♎		
Di	8	♏		
Mi	9	♏		
Do	10	♐		
Fr	11	♐		
Sa	12	♑		
So	13	♑	◐	
Mo	14	♑		
Di	15	♒		
Mi	16	♒		
Do	17	♓		
Fr	18	♓		
Sa	19	♈		
So	20	♈		
Mo	21	♈	○	08:19
Di	22	♉		
Mi	23	♉		
Do	24	♉		
Fr	25	♊		
Sa	26	♊		
So	27	♋		
Mo	28	♋		
Di	29	♌	◑	
Mi	30	♌		
Do	31	♍		

November

Fr	1	♍		
Sa	2	♍		
So	3	♎		
Mo	4	♎	●	21:36
Di	5	♏		
Mi	6	♏		
Do	7	♐		
Fr	8	♐		
Sa	9	♑		
So	10	♑		
Mo	11	♒	◐	
Di	12	♒		
Mi	13	♓		
Do	14	♓		
Fr	15	♓		
Sa	16	♈		
So	17	♈		
Mo	18	♉		
Di	19	♉		
Mi	20	♉	○	02:34
Do	21	♊		
Fr	22	♊		
Sa	23	♋		
So	24	♋		
Mo	25	♋		
Di	26	♌		
Mi	27	♌	◑	
Do	28	♍		
Fr	29	♍		
Sa	30	♎		

Dezember

So	1	♎		
Mo	2	♏		
Di	3	♏		
Mi	4	♐	●	08:38
Do	5	♐		
Fr	6	♑		
Sa	7	♑		
So	8	♒		
Mo	9	♒		
Di	10	♒		
Mi	11	♓	◐	
Do	12	♓		
Fr	13	♈		
Sa	14	♈		
So	15	♈		
Mo	16	♉		
Di	17	♉		
Mi	18	♊		
Do	19	♊	○	20:08
Fr	20	♋		
Sa	21	♋		
So	22	♋		
Mo	23	♌		
Di	24	♌		
Mi	25	♍		
Do	26	♍		
Fr	27	♎	◑	
Sa	28	♎		
So	29	♏		
Mo	30	♏		
Di	31	♐		

MONDKALENDER 2003

Januar

Mi	1	♐		
Do	2	♑	●	21:26
Fr	3	♑		
Sa	4	♑		
So	5	♒		
Mo	6	♒		
Di	7	♓		
Mi	8	♓		
Do	9	♈		
Fr	10	♈	◐	
Sa	11	♈		
So	12	♉		
Mo	13	♉		
Di	14	♊		
Mi	15	♊		
Do	16	♊		
Fr	17	♋		
Sa	18	♋	○	11:44
So	19	♌		
Mo	20	♌		
Di	21	♍		
Mi	22	♍		
Do	23	♎		
Fr	24	♎		
Sa	25	♎	◐	
So	26	♏		
Mo	27	♏		
Di	28	♐		
Mi	29	♐		
Do	30	♑		
Fr	31	♑		

Februar

Sa	1	♒	●	11:51
So	2	♒		
Mo	3	♓		
Di	4	♓		
Mi	5	♓		
Do	6	♈		
Fr	7	♈		
Sa	8	♉		
So	9	♉	◐	
Mo	10	♉		
Di	11	♊		
Mi	12	♊		
Do	13	♋		
Fr	14	♋		
Sa	15	♋		
So	16	♌		
Mo	17	♌	○	00:49
Di	18	♍		
Mi	19	♍		
Do	20	♎		
Fr	21	♎		
Sa	22	♏		
So	23	♏	◐	
Mo	24	♐		
Di	25	♐		
Mi	26	♑		
Do	27	♑		
Fr	28	♒		

März

Sa	1	♒		
So	2	♒		
Mo	3	♓	●	03:36
Di	4	♓		
Mi	5	♈		
Do	6	♈		
Fr	7	♈		
Sa	8	♉		
So	9	♉		
Mo	10	♊		
Di	11	♊	◐	
Mi	12	♊		
Do	13	♋		
Fr	14	♋		
Sa	15	♌		
So	16	♌		
Mo	17	♍		
Di	18	♍	○	11:32
Mi	19	♎		
Do	20	♎		
Fr	21	♏		
Sa	22	♏		
So	23	♐		
Mo	24	♐		
Di	25	♑	◐	
Mi	26	♑		
Do	27	♑		
Fr	28	♒		
Sa	29	♒		
So	30	♓		
Mo	31	♓		

April

Di	1	♈	●	20:18
Mi	2	♈		
Do	3	♈		
Fr	4	♉		
Sa	5	♉		
So	6	♊		
Mo	7	♊		
Di	8	♊		
Mi	9	♋		
Do	10	♋	◐	
Fr	11	♌		
Sa	12	♌		
So	13	♌		
Mo	14	♍		
Di	15	♍		
Mi	16	♎	○	20:35
Do	17	♎		
Fr	18	♏		
Sa	19	♏		
So	20	♐		
Mo	21	♐		
Di	22	♑		
Mi	23	♑	◐	
Do	24	♒		
Fr	25	♒		
Sa	26	♓		
So	27	♓		
Mo	28	♓		
Di	29	♈		
Mi	30	♈		

Mai

Do	1	♉	●	13:14
Fr	2	♉		
Sa	3	♉		
So	4	♊		
Mo	5	♊		
Di	6	♋		
Mi	7	♋		
Do	8	♋		
Fr	9	♌	◐	
Sa	10	♌		
So	11	♍		
Mo	12	♍		
Di	13	♎		
Mi	14	♎		
Do	15	♏		
Fr	16	♏	○	04:37
Sa	17	♐		
So	18	♐		
Mo	19	♑		
Di	20	♑		
Mi	21	♒		
Do	22	♒		
Fr	23	♓	◐	
Sa	24	♓		
So	25	♓		
Mo	26	♈		
Di	27	♈		
Mi	28	♉		
Do	29	♉		
Fr	30	♉		
Sa	31	♊	●	05:18

Juni

S0	1	♊		
Mo	2	♋		
Di	3	♋		
Mi	4	♋		
Do	5	♌		
Fr	6	♌		
Sa	7	♍	◐	
So	8	♍		
Mo	9	♎		
Di	10	♎		
Mi	11	♏		
Do	12	♏		
Fr	13	♐		
Sa	14	♐	○	12:18
So	15	♑		
Mo	16	♑		
Di	17	♑		
Mi	18	♒		
Do	19	♒		
Fr	20	♓		
Sa	21	♓	◐	
So	22	♈		
Mo	23	♈		
Di	24	♈		
Mi	25	♉		
Do	26	♉		
Fr	27	♊		
Sa	28	♊		
So	29	♊	●	19:36
Mo	30	♋		

Juli

Di	1	♋		
Mi	2	♌		
Do	3	♌		
Fr	4	♍		
Sa	5	♍		
So	6	♍		
Mo	7	♎	◐	
Di	8	♎		
Mi	9	♏		
Do	10	♏		
Fr	11	♐		
Sa	12	♐		
So	13	♑	○	20:23
Mo	14	♑		
Di	15	♒		
Mi	16	♒		
Do	17	♓		
Fr	18	♓		
Sa	19	♈		
So	20	♈		
Mo	21	♈	◐	
Di	22	♉		
Mi	23	♉		
Do	24	♊		
Fr	25	♊		
Sa	26	♊		
So	27	♋		
Mo	28	♋		
Di	29	♌	●	07:50
Mi	30	♌		
Do	31	♌		

August

Fr	1	♍		
Sa	2	♍		
So	3	♎		
Mo	4	♎		
Di	5	♏	◐	
Mi	6	♏		
Do	7	♐		
Fr	8	♐		
Sa	9	♑		
So	10	♑		
Mo	11	♒		
Di	12	♒	○	05:49
Mi	13	♒		
Do	14	♓		
Fr	15	♓		
Sa	16	♈		
So	17	♈		
Mo	18	♉		
Di	19	♉		
Mi	20	♉	◐	
Do	21	♊		
Fr	22	♊		
Sa	23	♋		
So	24	♋		
Mo	25	♋		
Di	26	♌		
Mi	27	♌	●	18:22
Do	28	♍		
Fr	29	♍		
Sa	30	♎		
So	31	♎		

September

Mo	1	♏		
Di	2	♏		
Mi	3	♐	◐	
Do	4	♐		
Fr	5	♑		
Sa	6	♑		
So	7	♑		
Mo	8	♒		
Di	9	♒		
Mi	10	♓	○	17:39
Do	11	♓		
Fr	12	♈		
Sa	13	♈		
So	14	♈		
Mo	15	♉		
Di	16	♉		
Mi	17	♊		
Do	18	♊	◐	
Fr	19	♊		
Sa	20	♋		
So	21	♋		
Mo	22	♌		
Di	23	♌		
Mi	24	♍		
Do	25	♍		
Fr	26	♎	●	04:08
Sa	27	♎		
So	28	♏		
Mo	29	♏		
Di	30	♏		

Oktober

Mi	1	♐		
Do	2	♐	◐	
Fr	3	♑		
Sa	4	♑		
So	5	♒		
Mo	6	♒		
Di	7	♓		
Mi	8	♓		
Do	9	♈		
Fr	10	♈	○	08:29
Sa	11	♈		
So	12	♉		
Mo	13	♉		
Di	14	♊		
Mi	15	♊		
Do	16	♊		
Fr	17	♋		
Sa	18	♋	◐	
So	19	♌		
Mo	20	♌		
Di	21	♌		
Mi	22	♍		
Do	23	♍		
Fr	24	♎		
Sa	25	♎	●	13:48
So	26	♏		
Mo	27	♏		
Di	28	♐		
Mi	29	♐		
Do	30	♑		
Fr	31	♑		

November

Sa	1	♒	◐	
So	2	♒		
Mo	3	♓		
Di	4	♓		
Mi	5	♓		
Do	6	♈		
Fr	7	♈		
Sa	8	♉		
So	9	♉	○	02:13
Mo	10	♉		
Di	11	♊		
Mi	12	♊		
Do	13	♋		
Fr	14	♋		
Sa	15	♋		
So	16	♌		
Mo	17	♌	◐	
Di	18	♍		
Mi	19	♍		
Do	20	♎		
Fr	21	♎		
Sa	22	♏		
So	23	♏		
Mo	24	♐	●	00:01
Di	25	♐		
Mi	26	♑		
Do	27	♑		
Fr	28	♒		
Sa	29	♒		
So	30	♒	◐	

Dezember

Mo	1	♓		
Di	2	♓		
Mi	3	♈		
Do	4	♈		
Fr	5	♉		
Sa	6	♉		
So	7	♉		
Mo	8	♊	○	21:37
Di	9	♊		
Mi	10	♊		
Do	11	♋		
Fr	12	♋		
Sa	13	♌		
So	14	♌		
Mo	15	♍		
Di	16	♍	◐	
Mi	17	♍		
Do	18	♎		
Fr	19	♎		
Sa	20	♏		
So	21	♏		
Mo	22	♐		
Di	23	♐	●	10:44
Mi	24	♑		
Do	25	♑		
Fr	26	♒		
Sa	27	♒		
So	28	♓		
Mo	29	♓		
Di	30	♈	◐	
Mi	31	♈		

MONDKALENDER 2004

Januar				
Do	1	♈		
Fr	2	♉		
Sa	3	♉		
So	4	♊		
Mo	5	♊		
Di	6	♊		
Mi	7	♋	○	16:37
Do	8	♋		
Fr	9	♌		
Sa	10	♌		
So	11	♌		
Mo	12	♍		
Di	13	♍		
Mi	14	♎		
Do	15	♎	◑	
Fr	16	♏		
Sa	17	♏		
So	18	♐		
Mo	19	♐		
Di	20	♑		
Mi	21	♑	●	22:05
Do	22	♒		
Fr	23	♒		
Sa	24	♓		
So	25	♓		
Mo	26	♓		
Di	27	♈		
Mi	28	♈		
Do	29	♉	◐	
Fr	30	♉		
Sa	31	♉		

Februar				
So	1	♊		
Mo	2	♊		
Di	3	♋		
Mi	4	♋		
Do	5	♋		
Fr	6	♌	○	09:42
Sa	7	♌		
So	8	♍		
Mo	9	♍		
Di	10	♎		
Mi	11	♎		
Do	12	♏		
Fr	13	♏	◑	
Sa	14	♐		
So	15	♐		
Mo	16	♐		
Di	17	♑		
Mi	18	♑		
Do	19	♒		
Fr	20	♒	●	10:21
Sa	21	♓		
So	22	♓		
Mo	23	♈		
Di	24	♈		
Mi	25	♉		
Do	26	♉		
Fr	27	♉		
Sa	28	♊	◐	
So	29	♊		

März				
Mo	1	♋		
Di	2	♋		
Mi	3	♋		
Do	4	♌		
Fr	5	♌		
Sa	6	♍		
So	7	♍	○	00:14
Mo	8	♎		
Di	9	♎		
Mi	10	♎		
Do	11	♏		
Fr	12	♏		
Sa	13	♐	◑	
So	14	♐		
Mo	15	♑		
Di	16	♑		
Mi	17	♒		
Do	18	♒		
Fr	19	♓		
Sa	20	♓	●	23:42
So	21	♈		
Mo	22	♈		
Di	23	♈		
Mi	24	♉		
Do	25	♉		
Fr	26	♊		
Sa	27	♊		
So	28	♊		
Mo	29	♋	◐	
Di	30	♋		
Mi	31	♌		

April				
Do	1	♌		
Fr	2	♌		
Sa	3	♍		
So	4	♍		
Mo	5	♎	○	11:59
Di	6	♎		
Mi	7	♏		
Do	8	♏		
Fr	9	♐		
Sa	10	♐		
So	11	♑		
Mo	12	♑	◑	
Di	13	♒		
Mi	14	♒		
Do	15	♓		
Fr	16	♓		
Sa	17	♓		
So	18	♈		
Mo	19	♈	●	14:23
Di	20	♉		
Mi	21	♉		
Do	22	♉		
Fr	23	♊		
Sa	24	♊		
So	25	♋		
Mo	26	♋		
Di	27	♋	◐	
Mi	28	♌		
Do	29	♌		
Fr	30	♍		

Mai				
Sa	1	♍		
So	2	♎		
Mo	3	♎		
Di	4	♏	○	21:33
Mi	5	♏		
Do	6	♐		
Fr	7	♐		
Sa	8	♑		
So	9	♑		
Mo	10	♒		
Di	11	♒	◑	
Mi	12	♒		
Do	13	♓		
Fr	14	♓		
Sa	15	♈		
So	16	♈		
Mo	17	♉		
Di	18	♉		
Mi	19	♉	●	05:52
Do	20	♊		
Fr	21	♊		
Sa	22	♋		
So	23	♋		
Mo	24	♋		
Di	25	♌		
Mi	26	♌		
Do	27	♍	◐	
Fr	28	♍		
Sa	29	♍		
So	30	♎		
Mo	31	♎		

Juni				
Di	1	♏		
Mi	2	♏		
Do	3	♐	○	05:18
Fr	4	♐		
Sa	5	♑		
So	6	♑		
Mo	7	♒		
Di	8	♒		
Mi	9	♓	◑	
Do	10	♓		
Fr	11	♈		
Sa	12	♈		
So	13	♈		
Mo	14	♉		
Di	15	♉		
Mi	16	♊		
Do	17	♊	●	21:27
Fr	18	♊		
Sa	19	♋		
So	20	♋		
Mo	21	♌		
Di	22	♌		
Mi	23	♌		
Do	24	♍		
Fr	25	♍	◐	
Sa	26	♎		
So	27	♎		
Mo	28	♏		
Di	29	♏		
Mi	30	♐		

Juli				
Do	1	♐		
Fr	2	♑	○	12:09
Sa	3	♑		
So	4	♒		
Mo	5	♒		
Di	6	♓		
Mi	7	♓		
Do	8	♈		
Fr	9	♈	◑	
Sa	10	♈		
So	11	♉		
Mo	12	♉		
Di	13	♊		
Mi	14	♊		
Do	15	♊		
Fr	16	♋		
Sa	17	♋	●	12:20
So	18	♌		
Mo	19	♌		
Di	20	♌		
Mi	21	♍		
Do	22	♍		
Fr	23	♎		
Sa	24	♎		
So	25	♏	◐	
Mo	26	♏		
Di	27	♏		
Mi	28	♐		
Do	29	♐		
Fr	30	♑		
Sa	31	♑	○	19:05

August				
So	1	♒		
Mo	2	♒		
Di	3	♓		
Mi	4	♓		
Do	5	♈		
Fr	6	♈		
Sa	7	♉	◑	
So	8	♉		
Mo	9	♉		
Di	10	♊		
Mi	11	♊		
Do	12	♋		
Fr	13	♋		
Sa	14	♋		
So	15	♌		
Mo	16	♌	●	02:22
Di	17	♍		
Mi	18	♍		
Do	19	♎		
Fr	20	♎		
Sa	21	♎		
So	22	♏		
Mo	23	♏	◐	
Di	24	♐		
Mi	25	♐		
Do	26	♑		
Fr	27	♑		
Sa	28	♒		
So	29	♒		
Mo	30	♓	○	03:24
Di	31	♓		

September				
Mi	1	♈		
Do	2	♈		
Fr	3	♈		
Sa	4	♉		
So	5	♉		
Mo	6	♊	◑	
Di	7	♊		
Mi	8	♋		
Do	9	♋		
Fr	10	♋		
Sa	11	♌		
So	12	♌		
Mo	13	♍		
Di	14	♍	●	15:24
Mi	15	♍		
Do	16	♎		
Fr	17	♎		
Sa	18	♏		
So	19	♏		
Mo	20	♐	◐	
Di	21	♐		
Mi	22	♑		
Do	23	♑		
Fr	24	♒		
Sa	25	♒		
So	26	♓		
Mo	27	♓		
Di	28	♓	○	14:12
Mi	29	♈		
Do	30	♈		

Oktober				
Fr	1	♉		
Sa	2	♉		
So	3	♊		
Mo	4	♊		
Di	5	♊		
Mi	6	♋	◑	
Do	7	♋		
Fr	8	♌		
Sa	9	♌		
So	10	♌		
Mo	11	♍		
Di	12	♍		
Mi	13	♎		
Do	14	♎	●	03:47
Fr	15	♏		
Sa	16	♏		
So	17	♐		
Mo	18	♐		
Di	19	♑		
Mi	20	♑	◐	
Do	21	♑		
Fr	22	♒		
Sa	23	♒		
So	24	♓		
Mo	25	♓		
Di	26	♈		
Mi	27	♈		
Do	28	♉	○	04:08
Fr	29	♉		
Sa	30	♉		
So	31	♊		

November				
Mo	1	♊		
Di	2	♋		
Mi	3	♋		
Do	4	♋		
Fr	5	♌	◑	
Sa	6	♌		
So	7	♍		
Mo	8	♍		
Di	9	♎		
Mi	10	♎		
Do	11	♎		
Fr	12	♏	●	15:23
Sa	13	♏		
So	14	♐		
Mo	15	♐		
Di	16	♑		
Mi	17	♑		
Do	18	♒		
Fr	19	♒	◐	
Sa	20	♓		
So	21	♓		
Mo	22	♈		
Di	23	♈		
Mi	24	♈		
Do	25	♉		
Fr	26	♉	○	21:08
Sa	27	♊		
So	28	♊		
Mo	29	♋		
Di	30	♋		

Dezember				
Mi	1	♋		
Do	2	♌		
Fr	3	♌		
Sa	4	♍		
So	5	♍	◑	
Mo	6	♍		
Di	7	♎		
Mi	8	♎		
Do	9	♏		
Fr	10	♏		
Sa	11	♐		
So	12	♐	●	02:29
Mo	13	♑		
Di	14	♑		
Mi	15	♒		
Do	16	♒		
Fr	17	♒		
Sa	18	♓	◐	
So	19	♓		
Mo	20	♈		
Di	21	♈		
Mi	22	♉		
Do	23	♉		
Fr	24	♊		
Sa	25	♊		
So	26	♊	○	16:06
Mo	27	♋		
Di	28	♋		
Mi	29	♌		
Do	30	♌		
Fr	31	♌		

ISBN 3 8094 1148 5

© 2001 by Bassermann Verlag in der Verlagsgruppe FALKEN/Mosaik, einem Unternehmen der Verlagsgruppe Random House GmbH, 65527 Niedernhausen/Ts.
© der Originalausgabe by FALKEN Verlag in der Verlagsgruppe FALKEN/ Mosaik, einem Unternehmen der Verlagsgruppe Random House GmbH, 65527 Niedernhausen/Ts.
Die Verwertung der Texte und Bilder, auch auszugsweise, ist ohne Zustimmung des Verlags urheberwidrig und strafbar. Dies gilt auch für Vervielfältigungen, Übersetzungen, Mikroverfilmung und für die Verarbeitung mit elektronischen Systemen.

Fotos: Bildarchiv Huber: S. 10; **Silvestris Fotoservice,** Kastl /Obb.: S. 8 (Davies), S. 4/5: Fond, 6–11: Fries, 12/13: Fond, 14–21: Fries, 22/23: Fond, 24–31: Fries, 32/33: Fond, 34–41: Fries, 42/43: Fond, 44–49: Fries, 50/51: Fond, 52–59: Fries, 60/61: Fond, 60–67: Fries, 68/69: Fond, 70–77: Fries, 78/79: Fond, 80–87: Fries, 88/89: Fond, 90–95: Fries, 96/97: Fond, 98–105; Fries, 106/107: Fond, 108–115: Fries, 116/117: Fond, 118–124: Fries, S. 6 (Thielscher); **FALKEN Archiv: M. Brauner:** S. 19, 31, 54, 57, 59, 84, 86, 95, 103, 120 und 123/ **W. Feiler:** S. 26, 39, 46, 49, 75, 81, 83, 101 und 109/**Grauel & Uphoff:** S. 90/ **B. Harms:** S. 14, 36 und 66/**R. Schmitz:** S. 17, 29, 41, 65, 76 und 85/**TLC:** S. 15, 20, 21, 25, 27, 39, 44, 47, 52, 53, 56, 63, 71, 77, 80, 82, 92, 94, 98, 99, 100, 104, 111, 115, 118, 119, 121 und 122/**M. Wissing:** S. 30, 35, 40, 63, 73, 74, 87, 105, 113 und 114

Zeichnungen: Bavaria Bildagentur, Gauting bei München: S. 12/13, 22/23, 32/33, 42/43, 50/51, 60/61, 68/69, 78/79, 88/89, 106/107 und 116/117; **Peter Pleischl,** München: S. 1, 3, 12, 22, 32, 42, 50, 60, 68, 78, 88, 96, 106 und 116: Mond im Fond, S. 7, 9, 11, 15, 17, 19, 25, 27, 29, 31, 35, 37, 39, 41, 45, 47, 49, 53, 55, 57, 63, 65, 67, 71, 73, 75, 77, 81, 83, 85, 87, 91, 93, 95, 99, 101, 103, 105, 109, 111, 113, 115, 119, 121 und 123: Mond im Fries; alle übrigen Zeichnungen: **FALKEN Archiv** (M. Wollert)

Layout: Peter Pleischl, München
Redaktion: Lore Pötz/Heike Pressler, München
Redaktion für diese Ausgabe: Sabine Kieslich
Herstellung: Harald Kraft
Herstellung für diese Ausgabe: Eva Kumar

Die Ratschläge in diesem Buch sind von Autorin und Verlag sorgfältig erwogen und geprüft, dennoch kann eine Garantie nicht übernommen werden. Eine Haftung der Autorin bzw. des Verlags und seiner Beauftragten für Personen-, Sach- und Vermögensschäden ist ausgeschlossen.

Satz: Filmsatz Schröter GmbH, München
Druck: Neografia, Martin
Printed in Slovakia

048800196X817 2635 4453 6271

04 03 02 01